Opowiadania po Angielsku dla Początkujących

Daria Gałek

Spis treści

Wstęp

Witaj w książce "Opowiadania po Angielsku dla Początkujących". Ta wyjątkowa kolekcja zawiera 40 opowiadań, które zostały starannie wybrane, aby pomóc Ci w nauce języka angielskiego. Każde opowiadanie jest przetłumaczone na polski, co ułatwia zrozumienie i śledzenie historii. Ponadto, po każdym opowiadaniu znajdziesz ćwiczenia wraz z odpowiedziami, które pomogą Ci utrwalić zdobytą wiedzę.

Opowiadania zawarte w tej książce są zróżnicowane tematycznie i stopniem trudności, ale wszystkie są dostosowane do poziomu początkującego. Znajdziesz tu historie codzienne, a także bardziej emocjonujące przygody. Każde opowiadanie ma na celu rozwinięcie Twojej znajomości języka angielskiego w sposób przyjemny i angażujący.

Ćwiczenia, które towarzyszą każdemu opowiadaniu, zostały zaprojektowane tak, aby sprawdzić Twoje zrozumienie tekstu i pomóc Ci w nauce nowych słów oraz struktur gramatycznych. Dzięki nim będziesz mógł systematycznie rozwijać swoje umiejętności językowe.

Mam nadzieję, że ta książka stanie się dla Ciebie nie tylko narzędziem do nauki, ale także źródłem radości i satysfakcji z poznawania nowego języka.

Good luck and happy reading!

Rady dla Uczących się Czytać Opowiadania po Angielsku

Czytanie opowiadań po angielsku może być zarówno przyjemne, jak i bardzo skuteczne w nauce nowego języka. Aby w pełni skorzystać z zawartych w tej książce opowiadań, warto zastosować kilka prostych, ale skutecznych strategii. Oto kilka rad, które mogą Ci pomóc:

1. Czytaj na głos: Czytanie na głos pomaga w poprawie wymowy i płynności. Usłyszysz, jak brzmią słowa i zdania, co jest niezwykle pomocne w nauce języka obcego.

2. Nie bój się popełniać błędów: Nauka nowego języka to proces, w którym popełnianie błędów jest naturalne i nieuniknione. Każdy błąd to okazja do nauki i poprawy.

3. Skup się na zrozumieniu ogólnego sensu: Na początku nie musisz rozumieć każdego słowa. Skoncentruj się na zrozumieniu ogólnego sensu opowiadania. Z czasem zrozumiesz coraz więcej szczegółów.

4. Wykorzystaj tłumaczenie: Każde opowiadanie w tej książce jest przetłumaczone na polski. Korzystaj z tłumaczeń, aby lepiej zrozumieć tekst angielski, ale staraj się najpierw przeczytać oryginalny tekst, zanim spojrzysz na tłumaczenie.

5. Rób notatki: Zapisuj nowe słowa i zwroty, które napotkasz podczas czytania. W ten sposób możesz do nich wracać i utrwalać swoją wiedzę.

6. Uzupełniaj ćwiczenia po każdym opowiadaniu: Ćwiczenia są kluczowym elementem nauki. Rozwiązuj je starannie, aby sprawdzić swoje zrozumienie tekstu i utrwalić nowe słownictwo oraz struktury gramatyczne.

7. Czytaj regularnie: Regularność jest kluczem do sukcesu w nauce języka. Staraj się czytać codziennie, nawet jeśli to tylko kilka minut. Regularne czytanie pomoże Ci stopniowo rozwijać umiejętności językowe.

8. Powtarzaj czytanie: Nie bój się wracać do przeczytanych już opowiadań. Powtarzanie pomoże Ci lepiej zrozumieć tekst i utrwalić nowe słowa oraz struktury gramatyczne.

9. Korzystaj z kontekstu: Jeśli napotkasz trudne słowo, spróbuj zgadnąć jego znaczenie na podstawie kontekstu. To umiejętność, która bardzo przyda Ci się w nauce języka.

10. Miej cierpliwość: Nauka języka to proces, który wymaga czasu. Bądź cierpliwy i konsekwentny, a z pewnością zauważysz postępy.

Pamiętaj, że nauka języka to nie tylko zdobywanie wiedzy, ale także czerpanie radości z odkrywania nowej kultury i sposobów wyrażania się.

Chapter 1. Day at School / Dzień w Szkole

Emma woke up early, just like every morning. She quickly got dressed and went to the dining room for breakfast. Her mother had already prepared toast with jam and a glass of warm milk.

"Hurry up, Emma! You don't want to be late for school again," her mother said as she cleared the dishes.

Emma nodded and put her books in her backpack. She left the house and walked a few blocks to the school. In the playground, some of her friends were already playing.

The bell rang, and all the children lined up to enter the building. The first class was math. Emma paid close attention as the teacher explained addition and subtraction on the board.

Afterward, they had a recess. Emma and her friends played hopscotch and ate a small snack.

The next classes were reading and natural sciences. Emma really enjoyed learning about animals and plants.

When the dismissal bell rang, Emma gathered her things and headed to the main door. Her mother was already waiting for her to walk home together.

***

Emma obudziła się wcześnie jak każdego ranka. Szybko się ubrała i poszła do jadalni na śniadanie. Jej mama już przygotowała tosty z dżemem i szklankę ciepłego mleka.

"Pospiesz się, Emma! Nie chcesz znowu spóźnić się do szkoły", powiedziała jej mama, zbierając talerze.

Emma skinęła głową i włożyła książki do plecaka. Wyszła z domu i przeszła kilka przecznic, aż dotarła do szkoły. Na boisku niektórzy z jej przyjaciół już się bawili.

Zadzwonił dzwonek i wszystkie dzieci ustawiły się w kolejce, aby wejść do budynku. Pierwszą lekcją była matematyka. Emma uważnie słuchała, gdy nauczycielka wyjaśniała dodawanie i odejmowanie na tablicy.

Potem mieli godzinę przerwy. Emma i jej koleżanki grały w klasy i jadły małą przekąskę.

Następne lekcje to były czytanie i przyroda. Emma bardzo lubiła uczyć się o zwierzętach i roślinach.

Kiedy zadzwonił dzwonek na koniec zajęć, Emma zebrała swoje rzeczy i skierowała się do głównego wejścia. Jej mama już na nią czekała, aby razem wrócić do domu.

Chapter 2. A Walk in the Park / Spacer po Parku

Olivia and her mom left the house and walked towards the nearby park. It was a sunny and hot day. The park was full of people enjoying the nice weather.

They saw little children playing on the swings and running on the soft, green grass. Birds were singing cheerful songs among the branches of tall trees. Brightly colored flowers adorned the park's pathways.

Mom pointed to a squirrel climbing up the rough trunk of a large oak tree. "Look at that squirrel, Olivia!" she said with a smile. Olivia watched with wide eyes as the small animal moved nimbly.

They continued walking and reached a fountain with clear water. Olivia took some coins from her pocket and tossed them into the water, closing her eyes to make a wish. Then, they continued exploring the corners of the park.

They saw butterflies flitting from flower to flower, sipping the sweet nectar. The scent of spring flowers filled the fresh air. In the top of a leafy tree, they spotted a bird's nest among the branches. Mom quietly explained to Olivia that they should walk silently so as not to scare the birds. Olivia nodded, amazed by the natural beauty surrounding them.

***

Olivia i jej mama wyszły z domu i poszły w kierunku pobliskiego parku. Był to słoneczny i gorący dzień. Park był pełen ludzi korzystających z dobrej pogody.

Zobaczyły małe dzieci bawiące się na huśtawkach i biegnące po zielonym i miękkim trawniku. Ptaki śpiewały radosne piosenki między gałęziami wysokich drzew. Kolorowe kwiaty ozdabiały ścieżki parku.

Mama wskazała wiewiórkę wspinającą się po chropowatym pniu dużego dębu. "Popatrz na tamtą wiewiórkę, Olivia!", powiedziała z uśmiechem. Olivia obserwowała z wielkimi oczami małe zwierzątko poruszające się zwinne.

Kontynuowały spacer i dotarli do fontanny z krystalicznie czystą wodą. Olivia wzięła kilka monet z kieszeni i wrzuciła je do wody, zamykając oczy, aby złożyć życzenie. Następnie kontynuowały odkrywanie zakątków parku.

Zobaczyły motyle fruwające z kwiatu na kwiat, pijące słodki nektar. Aromat kwiatów wiosennych napełniał świeże powietrze. Na szczycie gęstego drzewa dostrzegli gniazdo ptaków między gałęziami. Mama tłumaczyła Olivii cicho, żeby chodziły bezszelestnie, aby nie przestraszyć ptaków. Olivia skinęła głową, zachwycona naturalnym pięknem, które ich otaczało.

Chapter 3. Shopping at the Supermarket / Zakupy w Supermarkecie

William needed to buy some things for his new apartment. He went to the supermarket near his house.

When he entered, he took a shopping cart. First, he went to the fruits and vegetables aisle. He saw many fresh options. He chose some red apples, yellow bananas, and orange carrots. He put them in the cart.

Then he moved to the meat section. He saw chicken, beef, and sausages. He decided to take some chicken and a few sausages to make simple meals. He added them to the cart.

Next, he went to the dairy products aisle. He picked up a carton of milk, a pack of cheese, and a strawberry yogurt. He continued walking through the supermarket.

In the bakery aisle, he saw freshly baked bread. He chose a whole grain loaf and some sweet buns. He carefully placed them in the cart.

When he had finished buying everything he needed, he headed to the checkout lanes. There was a long line, but it moved quickly. When it was his turn, he put all the items on the conveyor belt.

The cashier scanned each product. William paid with his debit card. The cashier handed him the bags with his purchases.

William left the supermarket happy to have successfully completed his shopping.

***

William potrzebował kupić kilka rzeczy do swojego nowego mieszkania. Poszedł do pobliskiego supermarketu.

Kiedy wszedł, wziął wózek na zakupy. Najpierw poszedł do działu owoców i warzyw. Widział wiele świeżych opcji. Wybrał kilka czerwonych jabłek, żółtych bananów i pomarańczowych marchewek. Włożył je do wózka.

Następnie przeszedł do działu mięsa. Zobaczył kurczaka, wołowinę i kiełbaski. Zdecydował się wziąć trochę kurczaka i kilka kiełbasek, żeby zrobić proste posiłki. Dodał je do wózka.

Potem poszedł do działu nabiału. Wziął karton mleka, paczkę sera i jogurt truskawkowy. Kontynuował spacer po supermarkecie.

Na dziale pieczywa zobaczył świeżo wypieczone chleby. Wybrał chleb pełnoziarnisty i kilka słodkich bułek. Ostrożnie włożył je do wózka.

Kiedy skończył kupować wszystko, czego potrzebował, udał się do kas. Była długa kolejka, ale poruszała się szybko. Kiedy przyszła jego kolej, położył wszystkie produkty na taśmie.

Kasjerka zeskanowała każdy produkt. William zapłacił kartą debetową. Kasjerka wręczyła mu torby z zakupami. William wyszedł ze sklepu zadowolony, że udało mu się pomyślnie zrobić zakupy.

Chapter 4. Liam's Family / Rodzina Liama

Liam has a small but happy family. In his house live his dad Noah, his mom Ava, his sister Sophia, and his grandmother Abigail.

Noah is tall and has short black hair. He is a hardworking and responsible man. Besides cooking, he likes fixing things around the house. He is always willing to help others. In his free time, he enjoys watching soccer games on television.

Ava is kind and loving, and she is always ready to listen to her children. Besides being a teacher, she is an excellent cook and often prepares delicious recipes for the family. She likes gardening and teaching her children about nature.

Sophia is a very energetic and curious girl. She is always ready to explore and discover new things. She loves drawing and doing crafts. She is very creative, and her parents are always surprised by her innovative ideas.

Abigail is the heart of the family. She always has a smile on her face and wise advice to give. Besides baking cookies, she likes knitting and crocheting. Her grandchildren love listening to her stories about the past and learning from her experience.

Together, they form a strong and united team that faces challenges and celebrates the joys of life.

***

Liam ma małą, ale szczęśliwą rodzinę. W ich domu mieszkają tata Noah, mama Ava, siostra Sophia i babcia Abigail.

Noah jest wysoki i ma krótkie, czarne włosy. Jest pracowitym i odpowiedzialnym mężczyzną. Oprócz gotowania lubi naprawiać rzeczy wokół domu. Zawsze chętnie pomaga innym. W wolnym czasie lubi oglądać mecze piłki nożnej w telewizji.

Ava jest miła i serdeczna, zawsze gotowa wysłuchać swoich dzieci. Oprócz bycia nauczycielką, jest doskonałą kucharką i często przygotowuje pyszne potrawy dla rodziny. Lubi uprawiać rośliny w ogrodzie i uczyć swoje dzieci o naturze.

Sophia, młodsza siostra Liama, jest bardzo energicznym i ciekawskim dzieckiem. Zawsze gotowa jest odkrywać nowe rzeczy. Uwielbia rysować i wykonywać prace plastyczne. Jest bardzo kreatywna, a jej rodzice zawsze są zaskoczeni jej innowacyjnymi pomysłami.

Abigail, babcia Liama, jest sercem rodziny. Zawsze ma uśmiech na twarzy i mądry poradnik do udzielenia. Oprócz pieczenia ciasteczek, lubi też robić na drutach i szydełkować. Jej wnuki uwielbiają słuchać jej opowieści o przeszłości i uczyć się z jej doświadczenia.

Razem tworzą silny i zjednoczony zespół, który stawia czoło wyzwaniom i celebruje radości życia.

Chapter 5. James's Birthday / Urodziny Jamesa

James is very excited because today is his birthday. He is turning seven and wants to celebrate with his school friends. Since last week, he has been telling all his classmates that he is going to have a big birthday party at his house.

James's mom has been preparing everything for the celebration. She bought a big chocolate cake with frosting and candles, colorful balloons, and birthday hats. James helped decorate the living room with streamers and "Happy Birthday" signs.

When the guests arrived, James greeted them with a big smile. They all brought gifts wrapped in shiny paper. They played hide and seek, had sack races, and broke a piñata full of candies. The clown performed funny tricks and made animal balloons to entertain them.

After that, everyone sang "Happy Birthday" while James blew out the candles on the cake. He made a wish before blowing out the candles. Then, they handed out slices of cake to all the children. Each of the guests enjoyed their slice of cake with great enthusiasm.

In the end, James thanked everyone for coming and for making his day so special. He was very happy to have such amazing friends.

***

James jest bardzo podekscytowany, ponieważ dziś były jego urodziny. Kończy siedem lat i chce świętować je ze swoimi przyjaciółmi ze szkoły. Od zeszłego tygodnia mówił wszystkim swoim kolegom, że urządzi wielką imprezę urodzinową w swoim domu.

Mama Jamesa przygotowywała wszystko na przyjęcie. Kupiła duży tort czekoladowy z lukrem i świeczkami, kolorowe balony oraz czapki urodzinowe. James pomagał w dekorowaniu salonu serpentynami i plakatami "Wszystkiego najlepszego".

Kiedy goście przybyli, James przywitał ich z wielkim uśmiechem. Wszyscy przynieśli prezenty zapakowane w błyszczący papier. Bawili się w chowanego, rywalizowali w biegach w workach i rozbijali piñatę pełną słodyczy. Klaun robił zabawne sztuczki i dmuchane zwierzątka z balonów, żeby ich zabawić.

Potem wszyscy śpiewali "Sto lat", gdy James dmuchał świeczki na torcie. Złożył sobie życzenie przed zdmuchnięciem świeczek. Następnie podzielono kawałki tortu między wszystkie dzieci. Każdy z gości z wielkim entuzjazmem zajadał się swoim kawałkiem ciasta.

Na koniec James podziękował wszystkim za przybycie i uczynienie jego dnia tak wyjątkowym. Był bardzo szczęśliwy, że ma tak niesamowitych przyjaciół.

Chapter 6. A Day at the Beach / Dzień na Plaży

Mia woke up early that morning, excited to spend a day at the beach with her family. After breakfast, she packed a backpack with towels, sunscreen, and some beach toys.

When they arrived, the sun was shining brightly, and the sand was very hot. Mia and her little brother Oliver ran towards the water, laughing and splashing. Their parents spread out the beach towels and set up a big umbrella for shade.

"Come on, Mia!" Oliver shouted from the water. "It's great!"

Mia joined her brother, and they played tag and buried each other in the sand. Oliver built a small sandcastle, and Mia decorated it with shells she found.

After a while, their dad called them to eat. He took out sandwiches, fruit, and drinks from a cooler. Mia tried delicious olives and ham.

"Do you like the food, Mia?" her dad asked, smiling.

"Yes, I love it!" Mia replied enthusiastically.

They spent the afternoon sunbathing, reading stories, and walking along the beach. Mia collected many beautiful shells as souvenirs. At sunset, they packed up their things and returned home, tired but happy after a lovely day at the beach.

***

Mia wstała wcześnie rano tego dnia, podekscytowana dniem spędzonym na plaży z rodziną. Po śniadaniu spakowała plecak z ręcznikami, kremem do opalania i kilkoma zabawkami na plażę.

Kiedy dotarli na miejsce, słońce mocno świeciło, a piasek był bardzo gorący. Mia i jej braciszek Oliver pobiegli w stronę wody, śmiejąc się i chlapiąc. Ich rodzice rozłożyli ręczniki plażowe i postawili duży parasol, aby stworzyć cień.

"Chodź, Mia!" krzyknął Oliver z wody. "Jest świetnie!"

Mia dołączyła do swojego brata i bawili się w gonitwę i zakopywanie się w piasku. Oliver zbudował mały zamek z piasku, a Mia udekorowała go muszlami, które znalazła.

Po chwili tata zawołał ich na jedzenie. Wyciągnął kanapki, owoce i napoje z przenośnej lodówki. Mia spróbowała pysznych oliwek i szynki.

"Smakuje ci jedzenie, Mia?" zapytał ją uśmiechnięty tata.

"Tak, uwielbiam!" odpowiedziała Mia z entuzjazmem.

Spędzili popołudnie opalając się, czytając książki i spacerując po plaży. Mia zebrała wiele pięknych muszli na pamiątkę. O zachodzie słońca spakowali swoje rzeczy i wrócili do domu, zmęczeni, ale szczęśliwi po pięknym dniu na plaży.

Chapter 7. At the Train Station / Na Stacji Kolejowej

Amelia and her family are going to travel by train to visit their grandparents. Amelia wakes up early and dresses in comfortable clothes, pants, and a light T-shirt.

When they arrive at the train station, there are many people walking around with suitcases and luggage. Amelia looks around excitedly, observing the large clocks showing the arrival and departure times of the trains.

Her dad approaches the counter to buy the tickets. A friendly lady in a blue uniform smiles at them and helps them choose the right seats.

After buying the tickets, the family walks to the platform where they will wait for their train. Amelia and her younger brother, Daniel, entertain themselves by counting the train cars on the track. "One, two, three, four..." they count out loud, laughing when they lose track.

Their mom buys them some sweets at the station's kiosk. Amelia chooses some chocolate chip cookies, while Daniel prefers some sugary gummy candies. They eat their treats while they wait, savoring the sweet bites.

Suddenly, they hear a loud whistle, and the train begins to move slowly towards the platform. "Here it comes!" Amelia shouts, jumping with excitement. The family stands up, ready to board and start their exciting train journey.

***

Amelia i jej rodzina zamierzają podróżować pociągiem, aby odwiedzić swoich dziadków. Amelia wstaje wcześnie i ubiera się wygodnie, w spodnie i lekką koszulkę.

Kiedy docierają na dworzec kolejowy, jest tam wiele osób przechadzających się tam i z powrotem z walizkami i bagażem. Amelia z ekscytacją rozgląda się dookoła, obserwując duże zegary, które pokazują godziny przyjazdu i odjazdu pociągów.

Jej tata podchodzi do okienka, aby kupić bilety. Przyjazna pani w niebieskim mundurze uśmiecha się do nich i pomaga im wybrać odpowiednie miejsca.

Po zakupie biletów rodzina kieruje się na peron, gdzie będą czekać na swój pociąg. Amelia i jej młodszy brat, Daniel, zabawiają się liczeniem wagonów pociągu, który stoi na torze. "Jeden, dwa, trzy, cztery..." liczą głośno, śmiejąc się, gdy tracą rachubę.

Ich mama kupuje im przekąski w stoisku na dworcu. Amelia wybiera ciasteczka z kawałkami czekolady, podczas gdy Daniel woli cukierki żelki. Jedzą swoje przekąski, delektując się słodkimi kęsami.

Nagle słyszą głośny gwizd i pociąg zaczyna się powoli poruszać w kierunku peronu. "Już idzie!" krzyczy Amelia, skacząc z radości. Rodzina wstaje, gotowa do wejścia na pokład i rozpoczęcia ekscytującej podróży pociągiem.

Chapter 8. My Pet / Mój Zwierzak

My pet's name is Max. He is a very small and very cute puppy. He has short dark brown fur and big black eyes that shine brightly.

Max loves to play and run. When I come home after school, he always greets me, wagging his tail very happily. He likes to chase a red ball all over the park and brings it back for me to throw it again.

Max's favorite toy is a red plastic bone. He carries it in his mouth and takes it around the house. It's very funny to see him run with the bone and shake it to make noise. Sometimes, he even hides it under the furniture.

After playing so much, Max likes to rest. He curls up in his little bed and falls asleep right away. Sometimes he snores a little and moves his paws as if he is dreaming of chasing something.

I really like spending time with Max. He is my best friend and always gives me affection. I can't imagine life without my little four-legged companion.

***

Mój zwierzak nazywa się Max. Jest bardzo małym i uroczym pieskiem. Ma krótką, ciemnobrązową sierść i duże, czarne oczy, które bardzo mocno błyszczą.

Max uwielbia bawić się i biegać. Kiedy wracam do domu po szkole, zawsze wita mnie, machając ogonkiem z radości. Bardzo lubi gonić czerwoną piłeczkę po parku i przynosić ją z powrotem, żeby ją jeszcze raz rzucić.

Ulubioną zabawką Maxa jest czerwona plastikowa kość. Chwyta ją w pyszczek i nosi po całym domu. Bardzo zabawne jest oglądanie go, jak biegnie z kością i potrząsa nią, żeby zrobić hałas. Czasami nawet ukrywa ją pod meblami.

Po takiej zabawie Max lubi odpocząć. Zatacza się na swoje legowisko i natychmiast zasypia. Czasami trochę chrapie i porusza nóżkami, jakby marzył, że goni za czymś.

Lubię spędzać czas z Maxem. Jest moim najlepszym przyjacielem i zawsze jest ze mną, okazując mi miłość. Nie wyobrażam sobie życia bez mojego małego, czworonożnego towarzysza.

Chapter 9. A Rainy Day / Deszczowy Dzień

Today is a rainy day. Outside, the drops are falling from the sky and the ground is wet. We can't go out to play, but that doesn't mean we can't have fun inside the house.

Mom, wanting us not to get bored, took several books and board games from the shelves and placed them on the living room table. She told us we could choose something we liked and spend time reading or playing, listening to the sound of rain on the roof.

I choose a book of fairy tales and sit on the sofa with a blanket. I open the book and immerse myself in the magical stories of princesses and dragons.

My sister, Harper, prefers playing board games. We take out the chessboard and sit facing each other. She moves her pieces carefully, thinking through each move. Sometimes she wins, but I enjoy playing with her a lot.

Meanwhile, mom is in the kitchen preparing something delicious for lunch. The smell of hot soup spreads throughout the house and makes us feel happy.

That's how we spend our rainy day, amidst books, games, and comforting meals. Although we can't go outside, we are happy to be together and enjoy family time.

***

Dziś jest deszczowy dzień. Na zewnątrz krople spadają z nieba, a ziemia jest mokra. Nie możemy wyjść się bawić na zewnątrz, ale to nie znaczy, że nie możemy się bawić w domu.

Mama, chcąc żebyśmy się nie nudzili, wyjęła z półek różne książki i gry planszowe i położyła je na stole w salonie. Powiedziała nam, że możemy wybrać coś, co nam się podoba, i spędzić czas, czytając lub grając, słuchając dźwięku deszczu na dachu.

Ja wybieram książkę z baśniami i siadam na sofie z kocem. Otwieram książkę i zanurzam się w magicznych historiach o księżniczkach i smokach.

Moja siostra, Harper, woli grać w gry planszowe. Wyjmujemy szachy i siadamy przed planszą. Ona przemieszcza swoje figury ostrożnie, przemyślanie każdego ruchu. Czasami wygrywa, ale bardzo się cieszę, że mogę się z nią bawić.

Tymczasem mama jest w kuchni, przygotowując coś pysznego na obiad. Zapach gorącej zupy roznosi się po całym domu i sprawia, że czujemy się zadowoleni.

Tak spędzamy nasz deszczowy dzień, między książkami, grami i przyjemnymi posiłkami. Chociaż nie możemy wyjść na zewnątrz, cieszymy się, że jesteśmy razem i możemy spędzić czas w rodzinie.

Chapter 10. Dinner at Home / Obiad w Domu

One afternoon, Elijah's mom was getting ready to make dinner and Elijah decided to help her. He was very excited because he loves being in the kitchen.

His mom decided they were going to make a big salad, baked chicken, and vegetable rice. First, they went to the supermarket to buy the ingredients. They bought lettuce, tomatoes, carrots, and cucumbers for the salad. They also bought a fresh chicken and some vegetables for the rice.

When they got home, they started preparing dinner. Elijah washed the vegetables and carefully chopped them. His dad seasoned the chicken with salt, pepper, and a little lemon. Then, he put the chicken in the oven.

Mom cooked the rice in a large pot and added the chopped vegetables. The whole house smelled delicious as the food cooked.

After an hour, dinner was ready. The family set the table with plates, glasses, and cutlery. Elijah helped to serve the salad and the rice. Dad took the chicken out of the oven and sliced it into portions.

The whole family sat down at the table and started eating. "This tastes so good!" Elijah said with a smile. Everyone agreed and enjoyed the meal together.

***

Pewnego popołudnia mama Elijaha szykowała się do przygotowania kolacji, a Elijah postanowił jej pomóc. Był bardzo podekscytowany, ponieważ bardzo lubi być w kuchni.

Jego mama zdecydowała, że zrobią dużą sałatkę, pieczonego kurczaka i ryż z warzywami. Najpierw poszli do supermarketu, aby kupić składniki. Kupili sałatę, pomidory, marchewki i ogórki do sałatki. Kupili też świeżego kurczaka i kilka warzyw do ryżu.

Kiedy wrócili do domu, zaczęli przygotowywać kolację. Elijah umył warzywa i ostrożnie je pokroił. Jego tata przyprawił kurczaka solą, pieprzem i odrobiną cytryny. Następnie włożył kurczaka do piekarnika.

Mama ugotowała ryż w dużym garnku i dodała pokrojone warzywa. Cały dom pachniał pysznie, gdy jedzenie się gotowało.

Po godzinie kolacja była gotowa. Rodzina nakryła do stołu talerzami, szklankami i sztućcami. Elijah pomógł podać sałatkę i ryż. Tata wyjął kurczaka z piekarnika i pokroił go na porcje.

Cała rodzina usiadła przy stole i zaczęła jeść. "Jakie to wszystko pyszne!" powiedział Elijah z uśmiechem. Wszyscy się zgodzili i wspólnie cieszyli się jedzeniem.

Chapter 11. Visit to the Zoo / Wizyta w Zoo

On a hot Sunday morning, Aiden and his friend Jacob decided to visit the London zoo. Aiden was very excited because he had never been to a zoo before.

Upon arrival, they bought their tickets and entered quickly. The first thing they saw were the lions, resting under the sun.

"Look how big those lions are!" exclaimed Aiden, his eyes wide open.

Next, they walked towards the area with the elephants. The huge gray pachyderms were bathing in a water pond.

"They look like walking houses!" chuckled Jacob, observing their slow and heavy movements.

Afterwards, they visited the monkey habitat. The mischievous animals were jumping from branch to branch, making funny noises.

"They look like kids playing in a park," remarked Aiden.

Later on, they went to the aviary, where they saw birds of vibrant colors flying freely. Aiden watched in fascination as the parrots with bright feathers moved around. Jacob pointed out that they looked like small flying rainbows.

At lunchtime, they ate sandwiches they had packed, sitting at a picnic area. They excitedly talked about all the fascinating animals they had seen so far.

***

W gorącą niedzielę rano, Aiden i jego przyjaciel Jacob postanowili odwiedzić zoo w Londynie. Aiden był bardzo podekscytowany, ponieważ nigdy wcześniej nie był w zoo.

Kiedy dotarli, kupili bilety i szybko weszli. Pierwsze, co zobaczyli, to lwy, odpoczywające pod słońcem.

"Patrz, jakie są duże te lwy!" wykrzyknął Aiden, z szeroko otwartymi oczami.

Następnie udali się w kierunku słoni. Ogromne, szare ssaki kąpały się w stawie wodnym.

"Wyglądają jak chodzące domy!" śmiał się Jacob, obserwując ich wolne i ciężkie ruchy.

Potem odwiedzili siedlisko małp. Psotne zwierzęta skakały z gałęzi na gałąź, wydając zabawne dźwięki.

"Wyglądają jak dzieci bawiące się w parku," skomentował Aiden.

Później udali się do woliery, gdzie widzieli ptaki w jaskrawych kolorach latające swobodnie. Aiden z zainteresowaniem obserwował papugi o lśniących piórach. Jacob zauważył, że wyglądają jak małe, latające tęcze.

Na czas obiadu zjedli kanapki, które przygotowali, siedząc w obszarze piknikowym. Rozmawiali podekscytowani o wszystkich fascynujących zwierzętach, które dotychczas widzieli.

Chapter 12. A Day in the Mountains / Dzień w Górach

On a beautiful day, Logan and his family decided to go hiking in the mountains. They were excited to explore nature and enjoy the fresh air.

"Let's go, let's go! I don't want to miss anything," said Logan as he packed his backpack.

They set out early, carrying food and water in their backpacks. Logan didn't forget his camera to capture the landscapes along the way.

As they walked along the trail, Logan picked some wildflowers and admired the birds singing.

After a while, they found the perfect spot for a picnic. They sat together and enjoyed the view of the majestic mountains while sharing their food.

After the picnic, they continued their journey, marveling at the beauty of the surrounding nature.

Finally, they reached the top of a mountain and stopped to rest. Logan took out his camera and captured the breathtaking view.

"Dad, Mom, look at these incredible views!" exclaimed Logan excitedly.

"Yes, son, they are truly beautiful," replied his father with a smile.

They stayed a while longer enjoying the scenery before starting their descent, feeling grateful for the wonderful day spent together as a family.

***

W piękny dzień Logan i jego rodzina zdecydowali się wybrać na wycieczkę w góry. Byli podekscytowani możliwością odkrywania natury i cieszenia się świeżym powietrzem.

"Chodźmy, chodźmy! Nie chcę niczego przegapić", powiedział Logan, pakując swój plecak.

Wyszli wcześnie, zabierając jedzenie i wodę w plecakach. Logan nie zapomniał o aparacie, żeby uchwycić krajobrazy podczas podróży.

Podczas wędrówki po ścieżce, Logan zerwał kilka dzikich kwiatów i podziwiał śpiew ptaków.

Po pewnym czasie znaleźli idealne miejsce na piknik. Usiedli razem i cieszyli się widokiem majestatycznych gór, dzieląc się jedzeniem.

Po pikniku kontynuowali swoją drogę, podziwiając piękno otaczającej ich przyrody.

Wreszcie dotarli na szczyt góry i zatrzymali się, by odpocząć. Logan wyciągnął aparat i uwiecznił imponujący widok.

"Tato, mamo, popatrzcie, jakie niesamowite widoki!" zawołał z ekscytacją Logan.

"Tak, synu, są naprawdę piękne", odpowiedział ojciec z uśmiechem.

Zostali jeszcze chwilę, podziwiając krajobraz, zanim zaczęli schodzić w dół, wdzięczni za wspaniały dzień spędzony z rodziną.

Chapter 13. My Best Friend / Mój Najlepszy Przyjaciel

My best friend's name is Alexander. We met at school and have been inseparable ever since. Alexander is tall, has brown hair, and always wears a smile on his face.

Alexander loves playing soccer, and so do I, so we spend many afternoons practicing at the park near our house. We have a lot of fun chasing after the ball and scoring goals.

When we're not playing soccer, we enjoy exploring the neighborhood in search of adventures. We often ride our bikes along the trails in the nearby forest or simply walk through the city streets, discovering new places together.

In addition to our adventures, Alexander and I love building things with building blocks. We spend hours creating castles, cities, and spaceships, letting our imagination soar.

What I value most about Alexander is that he's always there for me, in good times and bad. We can always count on each other, and that's what makes our friendship so special.

***

Mój najlepszy przyjaciel nazywa się Alexander. Poznaliśmy się w szkole i od tamtej pory jesteśmy nierozłączni. Alexander jest wysoki, ma kasztanowe włosy i zawsze ma uśmiech na twarzy.

Alexander uwielbia grać w piłkę nożną, tak samo jak ja, więc spędzamy wiele popołudni na treningach w parku niedaleko naszego domu. Bardzo dobrze się bawimy, biegając za piłką i strzelając gole.

Kiedy nie gramy w piłkę nożną, lubimy odkrywać okolicę w poszukiwaniu przygód. Często jeździmy na rowerze po ścieżkach pobliskiego lasu lub po prostu spacerujemy ulicami miasta, odkrywając razem nowe miejsca.

Oprócz naszych przygód, Alexander i ja uwielbiamy budować rzeczy z klocków. Spędzamy godziny, tworząc zamki, miasta i statki kosmiczne, pozwalając naszej wyobraźni rozwijać się.

To, co najbardziej cenię w Alexandru, to to, że zawsze jest przy mnie, zarówno w dobrych, jak i złych chwilach. Zawsze możemy na siebie liczyć, i to właśnie sprawia, że nasza przyjaźń jest taka wyjątkowa.

Chapter 14. The Neighborhood Party / Impreza w Sąsiedztwie

Last night, a very fun party took place. All the neighbors gathered to celebrate together. There was a lot of music, delicious food, and dancing.

The party started at dusk when people began arriving at the park. Everyone was excited to have a good time together.

Children were playing and laughing, while adults chatted and shared stories. Soon, the food was ready and everyone lined up to serve themselves.

"Do you like samosa, Ethan? They're my specialty," Evelyn said, offering one to her neighbor.

"Of course! Thank you, Evelyn! It smells delicious," Ethan replied, taking an empanada and savoring it.

After eating, the music got louder and everyone started dancing. Dance circles formed and people moved to the rhythm of the music.

"Come on, Evelyn! Dance with me!" exclaimed Ethan, extending his hand to his neighbor.

"Sure, Ethan! I'd love to!" Evelyn responded, taking his hand and joining the dance.

The party lasted until late at night, and we all had a great time. It was a wonderful opportunity to come together as a community and celebrate friendship among neighbors.

***

Wczoraj wieczorem odbyła się bardzo udana impreza. Wszyscy sąsiedzi spotkali się, aby świętować razem. Było dużo muzyki, pysznego jedzenia i tańców.

Impreza rozpoczęła się o zmierzchu, gdy ludzie zaczęli gromadzić się w parku. Wszyscy byli podekscytowani, że będą miło spędzać czas razem.

Dzieci bawiły się i śmiały, a dorośli rozmawiali i dzielili się historiami. Wkrótce jedzenie było gotowe, więc wszyscy ustawili się w kolejce, aby się posilić.

"Lubisz samosa, Ethan? To moje specjalność", powiedziała Evelyn, oferując swojemu sąsiadowi jedną.

"Oczywiście! Dziękuję, Evelyn! Pachnie wyśmienicie", odpowiedział Ethan, biorąc empanadę i delektując się nią.

Po posiłku muzyka stała się głośniejsza, a wszyscy zaczęli tańczyć. Powstały kręgi taneczne, a ludzie poruszali się w rytm muzyki.

"Chodź, Evelyn! Zatańcz ze mną!", zawołał Ethan, wyciągając rękę w stronę swojej sąsiadki.

"Oczywiście, Ethan! Z przyjemnością!", odpowiedziała Evelyn, biorąc go za rękę i dołączając do tańca.

Impreza trwała do późnych godzin nocnych, a wszyscy świetnie się bawiliśmy. Była to wspaniała okazja, aby zjednoczyć się jako społeczność i świętować przyjaźń między sąsiadami.

Chapter 15. The Doctor's Visit / Wizyta u Lekarza

Last week, Thomas had to go to the doctor because he wasn't feeling well. He had a headache, fever, and cough. His dad called the doctor's office and managed to get an appointment for the same day.

When they arrived at the doctor's office, the receptionist asked them to wait in the waiting room. After a few minutes, Dr. Smith called them in. Thomas and his dad entered the examination room and sat down.

Dr. Smith asked Thomas about his symptoms. "I have a headache, fever, and a bad cough," explained Thomas.

The doctor nodded and then took Thomas's temperature. "You have a fever, but it's not very high," said the doctor. Then, he listened to Thomas's chest with a stethoscope. "Your lungs sound good, but it seems like you have a strong cold."

Dr. Smith prescribed a cough syrup for Thomas and advised him to rest a lot and drink plenty of water. He also suggested that Thomas stay home for a few days to fully recover.

Before they left, the doctor gave Thomas a lollipop for being a good patient. Thomas smiled and thanked him.

Back home, Thomas followed the doctor's instructions. He rested, took his syrup, and soon started feeling better. He was grateful for visiting the doctor and receiving the right treatment.

***

W zeszłym tygodniu Thomas musiał iść do lekarza, ponieważ nie czuł się dobrze. Miał ból głowy, gorączkę i kaszel. Jego tata zadzwonił do przychodni i udało mu się umówić wizytę na ten sam dzień.

Kiedy dotarli do przychodni, recepcjonistka poprosiła ich, aby poczekali w poczekalni. Po kilku minutach, doktor Smith ich zawołał. Thomas i jego tata weszli do gabinetu i usiedli.

Doktor Smith zapytał Thomasa, jakie ma objawy. "Mam ból głowy, gorączkę i silny kaszel," wyjaśnił Thomas.

Doktor przytaknął i zmierzył Thomasowi temperaturę. "Masz gorączkę, ale nie jest bardzo wysoka," powiedział doktor. Następnie osłuchał jego klatkę piersiową stetoskopem. "Twoje płuca brzmią dobrze, ale wygląda na to, że masz silne przeziębienie."

Doktor Smith przepisał Thomasowi syrop na kaszel i powiedział, żeby dużo odpoczywał i pił dużo wody. Poradził mu także, aby został w domu przez kilka dni, aby całkowicie wyzdrowieć.

Przed wyjściem, doktor dał Thomasowi lizaka za to, że był dobrym pacjentem. Thomas uśmiechnął się i podziękował.

W domu, Thomas przestrzegał zaleceń doktora. Odpoczywał, brał syrop i wkrótce zaczął czuć się lepiej. Był wdzięczny, że odwiedził lekarza i otrzymał odpowiednie leczenie.

41

Chapter 16. The Soccer Match / Mecz Piłki Nożnej

On Saturday afternoon, Henry and his friends gathered at the park to play soccer.

Henry arrived first and marked the field with rocks and backpacks. Soon after, his friends Jackson, Sebastian, Carter, and Matthew arrived. They were very excited and full of energy.

"Let's form the teams!" said Henry eagerly.

With the teams set, they started playing.

Right from the start, the match was intense. Henry ran fast with the ball, dodging players from the other team. When he got close to the goal, Jackson passed him the ball and Henry kicked it hard. Goal! Jackson' team celebrated with joy.

"Well done, Henry!" shouted Jackson, patting him on the back.

Sebastian and Carter also played very well and tied the match. Everyone enjoyed the game a lot.

Time flew by and soon the sun was setting. They decided that the next goal would decide the winner. Both teams played with more energy and focus.

Finally, Henry managed to steal the ball, ran towards the opposing goal, and with a good shot, scored the winning goal. His team lifted him up in the air, celebrating his great play.

"We won!" shouted Matthew with a huge smile.

After the match, everyone sat on the grass, tired but happy. They shared drinks and snacks, laughing and reminiscing about the best moments of the game.

***

W sobotę po południu Henry i jego przyjaciele spotkali się w parku, aby zagrać w piłkę nożną.

Henry przybył pierwszy i oznaczył boisko kamieniami i plecakami. Następnie przybyli jego przyjaciele: Jackson, Sebastian, Carter i Matthew. Byli bardzo zadowoleni i pełni energii.

"Zorganizujmy drużyny!" powiedział Henry podekscytowany.

Po ustaleniu składów, zaczęli grać.

Od samego początku mecz był bardzo intensywny. Henry biegł szybko z piłką, unikając zawodników przeciwnej drużyny. Gdy zbliżył się do bramki, Jackson podał mu piłkę, a Henry mocno uderzył. Gol! Drużyna Andreasa świętowała z radością.

"Świetna robota, Henry!" krzyknął Jackson, poklepując go po plecach.

Sebastian i Carter również świetnie grali, a mecz zakończył się remisem. Wszyscy świetnie się bawili.

Czas szybko mijał, a słońce zaczynało zachodzić. Postanowili, że kolejna bramka zadecyduje o zwycięstwie. Obie drużyny grały z większą energią i skupieniem.

W końcu Henry udało się odebrać piłkę, pobiegł w stronę przeciwnej bramki i, po mocnym strzale, zdobył zwycięskiego gola. Jego drużyna podniosła go w górę, świętując jego wspaniały gol.

"Wygraliśmy!" krzyknął Matthew z ogromnym uśmiechem.

Po meczu wszyscy usiedli na trawie, zmęczeni, ale szczęśliwi. Podzielili się napojami i przekąskami, śmiejąc się i wspominając najlepsze momenty gry.

Chapter 17. My Room / Mój Pokój

My room is my favorite place in the house. It's small but very cozy. The walls are light blue, and there's a large window that lets in a lot of natural light.

In the center of the room, I have a comfortable bed with a brightly colored quilt. Next to the bed, there's a bedside table where I always keep a book and a reading lamp.

My desk is by the window. It's where I do my homework and draw. Above the desk, I have some shelves filled with books, notebooks, and my colored pencils.

Across from the bed, there's a large wardrobe where I keep my clothes and shoes. I also have a small shelf where I place my favorite toys and figures.

In one corner of the room, I have a comfortable chair where I sit to read or listen to music. Additionally, there's a corkboard on the wall where I pin up photos and important notes.

What I like most about my room is the feeling of tranquility it gives me. It's my sanctuary where I can read, study, and dream. I love spending time there because it's a place where I always feel happy and relaxed.

***

Mój pokój jest moim ulubionym miejscem w domu. Jest mały, ale bardzo przytulny. Ściany są w jasnoniebieskim kolorze, a duże okno wpuszcza dużo naturalnego światła.

W centrum pokoju mam wygodne łóżko z kolorową narzutą. Obok łóżka stoi stolik nocny, na którym zawsze trzymam książkę i lampkę do czytania.

Moje biurko znajduje się obok okna. Tam odrabiam lekcje i rysuję. Na biurku mam kilka półek pełnych książek, zeszytów i moich kolorowych ołówków.

Naprzeciwko łóżka stoi duża szafa, w której trzymam ubrania i buty. Mam też małą półkę, na której układam swoje ulubione zabawki i figurki.

W rogu pokoju mam wygodne krzesło, na którym siadam, żeby czytać lub słuchać muzyki. Na ścianie wisi korkowa tablica, na której przypinam zdjęcia i ważne notatki.

To, co najbardziej lubię w moim pokoju, to poczucie spokoju, które mi daje. Jest to moje schronienie, gdzie mogę czytać, uczyć się i marzyć. Uwielbiam spędzać tam czas, ponieważ zawsze czuję się tam szczęśliwy i zrelaksowany.

Chapter 18. A Plane Journey / Podróż Samolotem

It was Abigail's first time traveling by plane. She was excited but also a little nervous. At London airport, there was a hustle and bustle of people coming and going. Abigail and her mother stood in line to check their luggage.

"How exciting, isn't it, sweetheart?" said mom as they waited their turn. "Soon you'll be in Paris."

When their turn came, a friendly flight attendant in a white uniform checked their tickets and documents. Then they headed to the boarding gate where the plane bound for London awaited. Abigail sat by the window and fastened her seatbelt. She looked out eagerly through the small opening.

After a few minutes of waiting, the plane started moving along the runway. Abigail's heart was pounding. Suddenly, the aircraft gained speed and almost before she knew it, they were in the air.

"Look at those incredible views!" exclaimed Abigail, pressed against the window.

Below them, the houses and streets looked tiny like construction toys. The clouds were fluffy and white. Abigail felt like a bird soaring through the sky. After a few hours of flight, the plane descended and landed smoothly at Paris airport. Abigail and her mother were excited to begin their adventure in Paris.

***

To była pierwsza podróż samolotem Abigail. Była podekscytowana, ale też trochę zdenerwowana. Na lotnisku w Londynie przewijał się tłum ludzi. Abigail i jej mama ustawiły się w kolejce, żeby nadać bagaż.

"Jakie to ekscytujące, prawda, kochanie?" powiedziała mama, czekając na swoją kolej. "Wkrótce będziesz w Paryżu."

Gdy przyszła ich kolej, uprzejma stewardessa w białym mundurze sprawdziła ich bilety i dokumenty. Następnie udały się do bramki, gdzie czekał samolot lecący do Paryża. Abigail usiadła przy oknie i zapięła pasy bezpieczeństwa. Spojrzała przez małe okienko z wielkim podekscytowaniem.

Po kilku minutach oczekiwania samolot zaczął się poruszać po pasie startowym. Serce Abigail biło mocno. Nagle maszyna nabierała prędkości i niemal nie zauważyły, jak już były w powietrzu.

"Patrz, jakie niesamowite widoki!" wykrzyknęła Abigail przyklejona do szyby.

Pod nimi domy i ulice wyglądały jak małe zabawki. Chmury były puszyste i białe. Abigail czuła się jak ptak przemierzający niebo. Po kilku godzinach lotu samolot zaczął opadać i wylądował delikatnie na lotnisku w Paryżu. Abigail i jej matka były podekscytowane rozpoczęciem swojej przygody w Paryżu.

Chapter 19. My Spanish Class / Moja Lekcja Hiszpańskiego

My Spanish class is very fun. Our teacher is Mrs. Johnson. She is very kind and always helps us when we have doubts.

In my class, there are ten students. My friends are Emily, Charlotte, Wyatt, and Scarlett. Emily is very good at grammar. Charlotte always participates in class and enjoys speaking in Spanish. Wyatt is a bit shy, but he loves learning new vocabulary. Scarlett is very good at pronunciation.

Classes are on Tuesdays and Thursdays. We always start with a game in Spanish. Then, Mrs. Johnson teaches us new words and phrases. Sometimes, we watch videos in Spanish and practice dialogues. We also read short stories and do exercises in the textbook.

I really like my Spanish class because I learn and have fun at the same time. My classmates are very friendly, and we always work together. At the end of class, we always have a little conversation in Spanish to practice what we've learned.

I am very happy to be in this class and improve my Spanish every day. I'm sure that soon I will speak Spanish fluently.

***

Moja lekcja hiszpańskiego jest bardzo zabawna. Nasza nauczycielka to pani Johnson. Ona jest bardzo miła i zawsze nam pomaga, kiedy mamy wątpliwości.

W mojej klasie jest dziesięciu uczniów. Moimi przyjaciółmi są Emily, Charlotte, Wyatt i Scarlett. Emily jest bardzo dobra w gramatyce. Charlotte zawsze bierze udział w lekcji i lubi mówić po hiszpańsku. Wyatt jest trochę nieśmiały, ale uwielbia uczyć się nowych słówek. Scarlett jest bardzo dobra w wymowie.

Lekcje są we wtorki i czwartki. Zawsze zaczynamy od gry po hiszpańsku. Potem pani Johnson uczy nas nowych słów i zwrotów. Czasami oglądamy filmy po hiszpańsku i ćwiczymy dialogi. Również czytamy krótkie opowiadania i robimy ćwiczenia w książce.

Bardzo lubię moją lekcję hiszpańskiego, ponieważ uczę się i bawię jednocześnie. Moi koledzy z klasy są bardzo przyjaźni i zawsze pracujemy razem. Na końcu lekcji zawsze prowadzimy krótką rozmowę po hiszpańsku, aby przećwiczyć to, czego się nauczyliśmy.

Jestem bardzo zadowolona, że jestem w tej klasie i codziennie poprawiam mój hiszpański. Jestem pewna, że wkrótce będę biegle mówić po hiszpańsku.

Chapter 20. The Library / Biblioteka

On Saturday morning, John went to the library. He loves reading very much and is always looking for new books.

Upon entering, John greeted the librarian, Mrs. Grace. She is always very friendly and helps him find good books. John walked among the shelves, looking at all the titles.

First, he went to the adventure section. He found a book about pirates that caught his attention. Then, he went to the science fiction section and saw a book about space travel. John also wanted a book about animals, so he went to the nature section.

After choosing three books, John went to a table and sat down. He opened the pirate book and started reading. The story was very exciting and John couldn't stop reading. An hour passed, and John decided to take all three books home.

John went to the counter, and Mrs. Grace helped him check out the books. "Enjoy your reading, John," she said with a smile.

John left the library very happy. He couldn't wait to get home and continue reading his new books. For him, the library is a magical place where he always finds adventures and knowledge.

***

W sobotę rano John poszedł do biblioteki. Bardzo lubi czytać i zawsze szuka nowych książek.

Po wejściu, John przywitał się z bibliotekarką, panią Grace. Ona zawsze jest bardzo miła i pomaga mu znaleźć dobre książki. John chodził między regałami, patrząc na wszystkie tytuły.

Najpierw poszedł do sekcji przygodowej. Znalazł książkę o piratach, która przyciągnęła jego uwagę. Potem poszedł do sekcji science fiction i zobaczył książkę o podróżach kosmicznych. John chciał także książkę o zwierzętach, więc poszedł do sekcji przyrodniczej.

Po wybraniu trzech książek, John poszedł do stołu i usiadł. Otworzył książkę o piratach i zaczął czytać. Historia była bardzo ekscytująca i John nie mógł przestać czytać. Minęła godzina i John zdecydował się zabrać trzy książki do domu.

John poszedł do lady i pani Grace pomogła mu zarejestrować książki. "Miłej lektury, John," powiedziała z uśmiechem.

John wyszedł z biblioteki bardzo zadowolony. Nie mógł się doczekać, aż wróci do domu i będzie mógł dalej czytać swoje nowe książki. Dla niego biblioteka to magiczne miejsce, gdzie zawsze znajduje przygody i wiedzę.

Chapter 21. An Afternoon at the Movies / Popołudnie w Kinie

One afternoon, Lily and her friends decided to go to the cinema. They wanted to see a new movie that everyone was saying was very good. They met at the cinema entrance at five o'clock.

First, they bought tickets at the ticket counter. After purchasing the tickets, they went to the snack shop.

In the shop, they bought popcorn, sodas, and candy. Lily chose a cola soda and a large box of popcorn. Her friends also bought popcorn and different types of candy. With their snacks in hand, they entered the movie theater.

The theater was dark, and there were many people. They found their seats and sat comfortably. The movie started, and everyone became quiet, paying close attention to the screen.

The movie was very exciting. There were many action scenes, and the special effects were impressive. Lily and her friends ate popcorn while watching the movie. Everyone was very happy and enjoyed themselves a lot.

After two hours, the movie ended. Lily and her friends left the cinema discussing their favorite scenes. Everyone agreed it was a very fun afternoon and decided to go back to the cinema soon to watch another movie.

***

Pewnego popołudnia Lily i jej przyjaciele postanowili iść do kina. Chcieli zobaczyć nowy film, o którym wszyscy mówili, że jest bardzo dobry. Spotkali się przy wejściu do kina o piątej po południu.

Najpierw kupili bilety w kasie. Po zakupie biletów poszli do sklepu z jedzeniem.

W sklepie kupili popcorn, napoje gazowane i słodycze. Lily wybrała colę i dużą paczkę popcornu. Jej przyjaciele również kupili popcorn i różne rodzaje słodyczy. Z jedzeniem w rękach weszli do sali kinowej.

Sala była ciemna i było w niej wiele osób. Znaleźli swoje miejsca i wygodnie usiedli. Film się zaczął i wszyscy zamilkli, bardzo skupieni na ekranie.

Film był bardzo emocjonujący. Było wiele scen akcji, a efekty specjalne były niesamowite. Lily i jej przyjaciele jedli popcorn, oglądając film. Wszyscy byli bardzo szczęśliwi i bardzo dobrze się bawili.

Po dwóch godzinach film się skończył. Lily i jej przyjaciele wyszli z kina, rozmawiając o swoich ulubionych scenach. Wszyscy zgodzili się, że to było bardzo udane popołudnie i postanowili wkrótce wrócić do kina, aby zobaczyć kolejny film.

Chapter 22. The Music Festival / Festiwal Muzyczny

Alice was very excited because she was going to attend a music festival. It was her first festival, and she couldn't wait to see her favorite bands. The festival took place in a large park, and Alice arrived early to find a good spot.

The first concert was by a rock band she really liked. Alice sang along to all the songs and enjoyed every minute. Then, she went to see a pop group. The music was upbeat, and Alice danced with her friends.

There were many other activities at the festival. Alice and her friends bought food from the stalls and tried different types of dishes. They also visited souvenir shops, and Alice bought a festival T-shirt.

At night, the festival lit up with lights and colors. The last concert was the best. The headline band played all their popular songs, and the crowd was lively. Alice felt very happy and enjoyed the show immensely.

By the end of the day, Alice was tired but very content. It was an incredible experience, and she couldn't wait to come back next year. The music festival was a day she would always cherish.

***

Alice była bardzo podekscytowana, ponieważ miała uczestniczyć w festiwalu muzycznym. To był jej pierwszy festiwal i nie mogła się doczekać, aby zobaczyć swoje ulubione zespoły. Festiwal odbywał się w dużym parku, a Alice przybyła wcześnie, aby znaleźć dobre miejsce.

Pierwszy koncert był zespołu rockowego, który bardzo lubiła. Alice śpiewała wszystkie piosenki i cieszyła się każdą chwilą. Potem poszła zobaczyć grupę pop. Muzyka była wesoła, a Alice tańczyła ze swoimi przyjaciółmi.

Na festiwalu było wiele innych atrakcji. Alice i jej przyjaciele kupili jedzenie na stoiskach i spróbowali różnych potraw. Odwiedzili również sklepy z pamiątkami i Alice kupiła koszulkę festiwalową.

Wieczorem festiwal rozświetlił się światłami i kolorami. Ostatni koncert był najlepszy. Główna grupa zagrała wszystkie popularne piosenki, a tłum był bardzo podekscytowany. Alice czuła się bardzo szczęśliwa i bardzo cieszyła się występem.

Na koniec dnia Alice była zmęczona, ale bardzo zadowolona. To było niesamowite doświadczenie i nie mogła się doczekać, aby wrócić za rok. Festiwal muzyczny był dniem, który zawsze będzie wspominać z sentymentem.

Chapter 23. A Bike Ride / Wycieczka Rowerowa

Freddie and his dad decided to go for a bike ride around the city. The sun was shining, and the air was fresh. Freddie was excited to explore the area with his dad.

"Dad, where are we going today?" Freddie asked eagerly.

"We'll go to the park first and then take a ride along the river," his dad replied with a smile.

They mounted their bikes and began their adventure. Freddie enjoyed the scenery as they pedaled together. They saw tall trees, colorful flowers, and many happy people strolling around.

Suddenly, Freddie spotted a dirt road that looked interesting. "Dad, can we go there?" he asked.

"Of course, son! Let's explore," his dad replied cheerfully.

They changed direction and took the dirt road. They discovered a beautiful forest full of singing birds and small streams. Freddie was thrilled to have found such a special place.

After a while, they returned to the main path and continued their journey. Freddie felt happy to spend time with his dad and to have had so many adventures together on their bike ride.

***

Freddie i jego tata postanowili przejechać się rowerem po mieście. Słońce świeciło, a powietrze było świeże. Freddie był podekscytowany możliwością zwiedzania okolicy z tatą.

"Tato, dokąd pojedziemy dziś?" zapytał Freddie z entuzjazmem.

"Najpierw pojedziemy do parku, a potem przejedziemy się wzdłuż rzeki" odpowiedział tata z uśmiechem.

Wsiedli na rowery i rozpoczęli swoją przygodę. Freddie podziwiał krajobraz, gdy pedałowali razem. Widzieli wysokie drzewa, kolorowe kwiaty i wiele szczęśliwych, spacerujących osób.

Nagle Freddie zobaczył ciekawą, polną drogę. "Tato, czy możemy tam pojechać?" zapytał.

"Oczywiście, synu! Jedźmy pozwiedzać" odpowiedział tata z radością.

Zmienili kierunek i ruszyli tą drogą. Odkryli piękny las pełen śpiewających ptaków i małych strumieni. Freddie był podekscytowany, że znaleźli tak wyjątkowe miejsce.

Po pewnym czasie wrócili na główną drogę i kontynuowali podróż. Freddie czuł się szczęśliwy, że spędza czas z tatą i że mieli razem tyle przygód podczas ich rowerowej wyprawy.

Chapter 24. Art Class / Lekcja Sztuki

Julia was excited because today was art class. She loved painting and creating new things. Their teacher, Mrs. White, always had interesting ideas for them.

When Julia arrived in the classroom, she saw many paintings and brushes on the tables. Mrs. White smiled and said, "Today we are going to paint a landscape. Think of your favorite place and paint what you see."

Julia thought of the beach she visited with her family. She picked up her brushes and began painting the sea, the sand, and the palm trees. She was very focused and happy.

Her friend Lucy, who was sitting next to her, looked over and said, "Julia, your painting is very beautiful!"

Julia smiled and replied, "Thank you, Lucy. I'm painting the beach where I go with my family."

The class went by quickly, and all the students created beautiful landscapes. Mrs. White walked among the tables, admiring everyone's work.

"Very well, Julia! I really like your painting. Do you enjoy painting?" the teacher asked.

"Yes, I love painting," Julia said with a big smile.

At the end of the class, everyone showed their paintings. Julia was very proud of her artwork and couldn't wait for the next art class.

***

Julia była podekscytowana, ponieważ dzisiaj miała lekcję sztuki. Uwielbiała malować i tworzyć nowe rzeczy. Nauczycielka, pani White, zawsze miała ciekawe pomysły dla nich.

Kiedy Julia dotarła do klasy, zobaczyła wiele farb i pędzli na stołach. Pani White uśmiechnęła się i powiedziała "Dziś będziemy malować pejzaż. Pomyślcie o swoim ulubionym miejscu i namalujcie to, co widzicie".

Julia pomyślała o plaży, którą odwiedzała z rodziną. Wzięła swoje pędzle i zaczęła malować morze, piasek i palmy. Była bardzo skupiona i szczęśliwa.

Jej przyjaciółka Lucy, która siedziała obok, spojrzała na nią i powiedziała: "Julia, twój obraz jest bardzo ładny!"

Julia uśmiechnęła się i odpowiedziała "Dziękuję, Lucy. Maluję plażę, na którą jeżdżę z rodziną".

Lekcja minęła szybko, a wszyscy uczniowie stworzyli piękne pejzaże. Pani White przechadzała się między stołami, podziwiając prace wszystkich.

"Bardzo dobrze, Julio! Bardzo podoba mi się twój obraz. Lubisz malować?" zapytała nauczycielka.

"Tak, uwielbiam malować", powiedziała Julia z wielkim uśmiechem.

Na koniec lekcji wszyscy pokazali swoje malunki. Julia była bardzo dumna ze swojej pracy i nie mogła się doczekać kolejnej lekcji sztuki.

Chapter 25. A Snowy Day / Śnieżny Dzień

David woke up and looked out the window. Everything was covered in snow! He was very excited. He put on his coat, gloves, scarf, and hat. Then, he went out into the garden to play.

First, David made snowballs. He threw some at a tree and laughed a lot. Then, he decided to build a snowman. He gathered a lot of snow and started rolling a big ball for the body. Next, he made a smaller ball for the head.

David searched for rocks to use as the snowman's eyes. He also used a carrot for the nose and an old scarf for the neck. The snowman looked very nice.

While he was working, his friend Jack arrived. "Hi, David! Can I help you with the snowman?" Jack asked.

"Of course, Jack! Let's finish it together," David replied with a smile.

The two friends placed some buttons on the snowman to make the mouth. Then, they found two branches for the arms. Finally, they put a hat on the snowman's head.

As the sun began to set, David and Jack went inside the house. David's mom gave them hot chocolate to warm up. "Thank you, Mom," said David, happy and tired.

***

David obudził się i spojrzał przez okno. Wszystko było pokryte śniegiem! Był bardzo podekscytowany. Założył płaszcz, rękawiczki, szalik i czapkę. Potem wyszedł do ogrodu, żeby się pobawić.

Najpierw David zrobił śnieżki. Rzucał kilka śnieżek w drzewo i bardzo się śmiał. Potem postanowił ulepić bałwana. Wziął dużo śniegu i zaczął formować dużą kulę na tułów. Następnie zrobił mniejszą kulę na głowę.

David szukał kamieni, żeby zrobić oczy bałwana. Użył też marchewki na nos i starego szalika na szyję. Bałwan wyszedł bardzo ładnie.

Kiedy pracował, przyszedł jego przyjaciel Jack. „Cześć, David! Mogę ci pomóc z bałwanem?" zapytał Jack.

„Oczywiście, Jack! Dokończymy go razem," odpowiedział David z uśmiechem.

Dwaj przyjaciele przymocowali guziki do bałwana, żeby zrobić usta. Potem znaleźli dwie gałęzie na ręce. Na koniec założyli bałwanowi kapelusz na głowę.

Kiedy słońce zaczęło zachodzić, David i Jack weszli do domu. Mama Davida dała im gorącą czekoladę, żeby się rozgrzali. „Dziękuję, mamo," powiedział David, szczęśliwy i zmęczony.

Chapter 26. The History Museum / Muzem Historyczne

Benjamin visited the history museum with his class. They were very excited to learn new things. Their teacher, Mr. Jones, guided them through the museum.

First, Mr. Jones took them to the dinosaur room. There were large dinosaur skeletons. Benjamin looked in awe at the enormous bones.

"These dinosaurs lived millions of years ago," explained Mr. Jones. "Did you know that Tyrannosaurus Rex was one of the largest?"

Next, they went to the ancient Egyptian room. They saw mummies and sarcophagi. Benjamin was fascinated by the stories of pharaohs and pyramids.

"The pyramids were tombs for the pharaohs," said Mr. Jones. "The Egyptians believed in life after death."

Then, they visited the Middle Ages room. There were knights' armor and swords. Benjamin imagined himself as a brave knight fighting battles.

"In the Middle Ages, castles were very important," explained Mr. Jones. "They served as fortresses and homes for nobles."

At the end of the tour, they went to the modern history room. They saw objects from the 19th and 20th centuries, like old cars and antique telephones.

Benjamin learned a lot during his visit to the museum. At the end of the day, he was happy and told his parents everything he had seen and learned.

***

Benjamin odwiedził muzeum historii z swoją klasą. Byli bardzo podekscytowani, aby nauczyć się nowych rzeczy. Ich nauczyciel, pan Jones, oprowadzał ich po muzeum.

Najpierw, pan Jones zabrał ich do sali z dinozaurami. Były tam wielkie szkielety dinozaurów. Benjamin patrzył z zachwytem na ogromne kości.

"Te dinozaury żyły miliony lat temu," wyjaśnił pan Jones. "Czy wiedzieliście, że Tyranozaur Rex był jednym z największych?"

Potem poszli do sali starożytnych Egipcjan. Zobaczyli mumie i sarkofagi. Benjamin był zafascynowany historiami faraonów i piramid.

"Piramidy były grobowcami dla faraonów," powiedział pan Jones. "Egipcjanie wierzyli w życie po śmierci."

Następnie odwiedzili salę średniowiecza. Były tam zbroje i miecze rycerzy. Benjamin wyobrażał sobie, że jest dzielnym rycerzem walczącym w bitwach.

"W średniowieczu zamki były bardzo ważne," wyjaśnił pan Jones. "Służyły jako twierdze i domy dla szlachty."

Na końcu wycieczki poszli do sali historii nowożytnej. Zobaczyli przedmioty z XIX i XX wieku, takie jak stare samochody i stare telefony.

Benjamin nauczył się dużo podczas wizyty w muzeum. Na koniec dnia był zadowolony i opowiedział rodzicom wszystko, co zobaczył i czego się nauczył.

Chapter 27. My Favorite Breakfast / Moje Ulubione Śniadanie

My favorite breakfast is very simple and delicious. I like to prepare a vegan breakfast every morning. First, I take a banana and slice it into rounds. Then, I put the slices in a bowl. Sometimes, I use two bananas if I'm very hungry.

Next, I add some fresh strawberries and blueberries. I love fruits because they are very healthy and taste great. Then, I sprinkle some oats over the fruits. I enjoy oats because they keep me full longer.

To make the breakfast more special, I add a tablespoon of almond butter. I really like almond butter because it's creamy and delicious. Sometimes, I also sprinkle some chia seeds on top.

Finally, I pour in some almond milk. I prefer almond milk because it's vegan and has a smooth flavor. It also gives a creamy texture to the breakfast.

I sit down at the table and enjoy my breakfast. It's very nutritious and gives me a lot of energy to start the day. This breakfast is my favorite because it's easy to prepare and very tasty.

***

Moje ulubione śniadanie jest bardzo proste i pyszne. Każdego ranka lubię przygotowywać wegańskie śniadanie. Najpierw biorę banana i kroję go w plastry. Czasami używam dwóch bananów, jeśli jestem bardzo głodna. Następnie wkładam plasterki do miski.

Potem dodaję kilka świeżych truskawek i jagód. Uwielbiam owoce, ponieważ są bardzo zdrowe i mają świetny smak. Następnie posypuję owoce odrobiną owsianki. Lubię owsiankę, ponieważ dają mi uczucie sytości na długo.

Aby uczynić śniadanie bardziej wyjątkowym, dodaję łyżkę masła migdałowego. Bardzo lubię masło migdałowe, ponieważ jest kremowe i pyszne. Czasami dodaję też kilka nasion chia na wierzch.

Na koniec dodaję trochę mleka migdałowego. Wolę mleko migdałowe, ponieważ jest wegańskie i ma łagodny smak. Dodaje też miękkiej tekstury śniadaniu.

Siadam do stołu i delektuję się moim śniadaniem. Jest bardzo pożywne i daje mi dużo energii na rozpoczęcie dnia. To śniadanie jest moim ulubionym, ponieważ jest łatwe do przygotowania i bardzo smaczne.

Chapter 28. A Day in the Countryside / Dzień na Wsi

Megan woke up early and was very excited. Today, she was going to the countryside with her family. She put on comfortable clothes and packed a backpack with water and snacks.

When they arrived at the countryside, Megan saw many animals. There were cows, sheep, and horses. Megan was happy to see so many animals. She approached a cow and petted it. "It's so soft!" Megan said with a big smile.

Afterward, Megan and her family walked along a trail in the forest. The trees were tall, and there were many colorful flowers. The air was fresh and clean. Megan took a deep breath and felt really good.

At noon, they sat under a large tree for lunch. They ate sandwiches and fresh fruits. While they ate, they listened to the birds singing. It was a very beautiful sound.

After lunch, Megan played with her little brother. They ran around the field and picked flowers. Megan made a flower crown and put it on her head. She felt like a queen of the countryside.

At the end of the day, Megan and her family returned home. Megan was tired but very happy. She had a wonderful day in the countryside, surrounded by animals and nature. "I could live there," Megan thought as she fell asleep.

Megan obudziła się wcześnie i była bardzo podekscytowana. Dziś miała jechać na wieś z rodziną. Założyła wygodne ubrania i przygotowała plecak z wodą i przekąskami.

Kiedy dotarli na wieś, Megan zobaczyła wiele zwierząt. Były tam krowy, owce i konie. Megan była szczęśliwa, widząc tyle zwierząt. Podeszła do krowy i pogłaskała ją. "Jest taka miękka!" powiedziała Megan z szerokim uśmiechem.

Następnie Megan i jej rodzina poszli na spacer ścieżką w lesie. Drzewa były wysokie, a kwiaty kolorowe. Powietrze było świeże i czyste. Megan wzięła głęboki oddech i poczuła się bardzo dobrze.

W południe usiedli pod dużym drzewem, aby zjeść obiad. Jedli kanapki i świeże owoce. Podczas jedzenia słuchali śpiewu ptaków. To był bardzo piękny dźwięk.

Po obiedzie Megan bawiła się z młodszym bratem. Biegali po polu i zbierali kwiaty. Megan zrobiła wianek z kwiatów i założyła go na głowę. Poczuła się jak królowa wsi.

Pod koniec dnia Megan i jej rodzina wrócili do domu. Megan była zmęczona, ale bardzo szczęśliwa. Miała cudowny dzień na wsi, otoczona zwierzętami i naturą. "Mogłabym tam zamieszkać", pomyślała Megan, zasypiając.

Chapter 29. The Dentist Visit / Wizyta u Dentysty

Charlie had an appointment with the dentist. He was a little scared because he didn't like pain. His mom reassured him that everything would be fine and that the dentist was very friendly.

When they arrived at the clinic, they sat in the waiting room. Charlie saw magazines and some toys. He tried to relax by playing with a toy car.

"Charlie, the dentist is ready to see you," said the nurse with a smile.

Charlie entered the dentist's office. The dentist, Dr. Davis, greeted him. "Hello, Charlie. Don't worry, we'll quickly check your teeth," Dr. Davis said.

Charlie sat in the big chair. Dr. Davis explained everything he was going to do. He examined his teeth with a small mirror and a light.

"Your teeth are in great shape, Charlie. You just need to brush them better at night," Dr. Davis said.

Charlie felt relieved. The dentist didn't do anything painful. "Thank you, doctor," Charlie said with a smile.

After the check-up, Dr. Davis gave Charlie a new toothbrush and a small tube of toothpaste. "Remember to brush your teeth twice a day and use dental floss," he advised.

Charlie and his mom left the clinic. "Visiting the dentist wasn't so bad," Charlie thought. He was glad he had taken good care of his teeth.

***

Charlie miał wizytę u dentysty. Był trochę przestraszony, ponieważ nie lubił bólu. Jego mama powiedziała mu, że wszystko będzie dobrze i że dentysta jest bardzo miły.

Kiedy dotarli do kliniki, usiedli w poczekalni. Charlie zobaczył czasopisma i kilka zabawek. Spróbował się zrelaksować, bawiąc się samochodzikiem.

"Charlie, dentysta cię oczekuje," powiedziała pielęgniarka z uśmiechem.

Charlie wszedł do gabinetu. Dentysta, dr Davis, przywitał go. "Cześć, Charlie. Nie martw się, szybko sprawdzimy twoje zęby," powiedział dr Davis.

Charlie usiadł na dużym fotelu. Dr Davis wyjaśnił mu wszystko, co zamierza zrobić. Sprawdził jego zęby małym lusterkiem i światłem.

"Twoje zęby są w bardzo dobrym stanie, Charlie. Musisz tylko lepiej je szczotkować wieczorem," powiedział dr Davis.

Charlie poczuł ulgę. Dentysta nie zrobił nic bolesnego. "Dziękuję, doktorze," powiedział Charlie z uśmiechem.

Po przeglądzie dr Davis dał Charlieowi nową szczoteczkę do zębów i małą tubkę pasty do zębów. "Pamiętaj, aby myć zęby dwa razy dziennie i używać nici dentystycznej," poradził mu.

Charlie i jego mama wyszli z kliniki. "Wizyta u dentysty nie była taka zła," pomyślał Charlie. Był zadowolony, że dobrze zadbał o swoje zęby.

Chapter 30. The Book Fair / Targi Książki

Steve went to the book fair with his mother. He was very excited because he loves books. The fair was in a large park, and there were many book stalls.

"Let's find some new books for you," said his mother with a smile.

First, they went to a children's book stall. There were many books with bright colors and beautiful illustrations. Steve saw a book about dinosaurs and picked it up. "Mom, I want this book," he said excitedly.

"Of course, Steve. Do you want to look at other books too?" his mother asked.

They continued walking around the fair. Steve found an adventure book that he also liked a lot. "Mom, can I have this one too?" he asked.

"Yes, you can have both," his mother replied. "It's important to read and learn new things."

After buying the books, Steve and his mother sat on a bench. Steve started reading his new dinosaur book. He was very happy and enjoyed the book fair a lot.

"I love the book fair," said Steve. "I want to come back next year."

His mother smiled and said, "Of course, Steve. Reading is a great adventure."

***

Steve poszedł na targi książki ze swoją mamą. Był bardzo podekscytowany, ponieważ uwielbia książki. Targi odbywały się w dużym parku i było tam wiele stoisk z książkami.

"Poszukajmy dla ciebie kilku nowych książek," powiedziała mama z uśmiechem.

Najpierw poszli do stoiska z książkami dla dzieci. Było tam wiele książek z jasnymi kolorami i ładnymi ilustracjami. Steve zobaczył książkę o dinozaurach i ją wziął. "Mamo, chcę tę książkę," powiedział podekscytowany.

"Oczywiście, Steve. Chcesz zobaczyć też inne książki?" zapytała mama.

Kontynuowali spacer po targach. Steve znalazł książkę przygodową, która również bardzo mu się spodobała. "Mamo, czy mogę mieć też tę?" zapytał.

"Tak, możesz mieć obie," odpowiedziała mama. "Ważne jest czytanie i uczenie się nowych rzeczy."

Po zakupie książek, Steve i jego mama usiedli na ławce. Steve zaczął czytać swoją nową książkę o dinozaurach. Był bardzo szczęśliwy i bardzo podobały mu się targi książki.

"Uwielbiam targi książki," powiedział Steve. "Chcę wrócić w przyszłym roku."

Jego mama uśmiechnęła się i powiedziała: "Oczywiście, Steve. Czytanie to wielka przygoda."

Chapter 31. A Walk Downtown / Spacer po Centrum Miasta

Mike decided to spend the afternoon downtown. He put on his jacket and left home. The sun was shining, and the weather was nice.

First, Mike walked through the streets filled with shops. He looked at the store windows and saw many interesting things. He went into a clothing store and bought a new T-shirt.

After that, Mike visited a bookstore. He loves reading, so he spent a lot of time looking for an interesting book. Finally, he found one about adventures and bought it.

As he was leaving, Mike saw his friend. "Hi, Noah! What are you doing here?" Mike asked.

"Hi, Mike. I'm looking for a gift for my sister. And you?" Noah replied.

"I just bought an adventure book," Mike said with a smile.

Then, Mike went to a café. He ordered a coffee and a chocolate cake. He sat by the window and enjoyed his snack while watching people pass by.

Lastly, Mike decided to visit a museum. There was a modern art exhibition. He walked through the halls and admired the paintings and sculptures.

At the end of the day, Mike felt happy and satisfied. As he walked home, he thought about how nice it had been to spend time exploring.

***

Mike zdecydował się spędzić popołudnie w centrum miasta. Założył kurtkę i wyszedł z domu. Słońce świeciło i była piękna pogoda.

Najpierw Mike spacerował po ulicach pełnych sklepów. Oglądał witryny i zobaczył wiele interesujących rzeczy. Wszedł do sklepu z ubraniami i kupił nową koszulkę.

Następnie Mike odwiedził księgarnię. Uwielbia czytać, więc spędził dużo czasu, szukając interesującej książki. W końcu znalazł książkę o przygodach i kupił ją.

Przy wyjściu Mike zobaczył swojego przyjaciela. "Cześć, Noah! Co tu robisz?" zapytał Mike.

"Cześć, Mike. Szukam prezentu dla mojej siostry. A ty?" odpowiedział Noah.

"Właśnie kupiłem książkę o przygodach." powiedział Mike z uśmiechem.

Potem Mike poszedł do kawiarni. Zamówił kawę i ciasto czekoladowe. Usiadł przy oknie i delektował się podwieczorkiem, obserwując przechodzących ludzi.

Na koniec Mike postanowił odwiedzić muzeum. Była tam wystawa sztuki nowoczesnej. Spacerował po salach i podziwiał obrazy i rzeźby.

Pod koniec dnia Mike czuł się szczęśliwy i zadowolony. Wracając do domu, pomyślał o tym, jak przyjemnie było spędzać czas na zwiedzaniu.

Chapter 32. A Day at the Aquarium / Dzień w Oceanarium

Kate and her classmates decided to go to the aquarium on a school trip. They were excited to see the fish and other sea creatures. When they arrived at the aquarium, they went straight to the large tanks filled with colorful fish.

"Look how beautiful they are!" exclaimed Kate, pointing to the swimming fish.

Her friends nodded excitedly and began naming the different types of fish they saw. They spent a lot of time admiring the tanks and watching the fish move.

After seeing the fish, they went to an area where they could touch starfish and sea urchins. Kate was surprised to feel how soft some of these creatures were.

"This is so amazing!" said Kate as she touched a starfish.

They ended their visit with a presentation about sharks. Kate and her friends sat together and listened attentively as they learned about the different types of sharks and how they behave in the ocean.

At the end of the day, Kate and her friends were exhausted but happy. They had had an incredible day at the aquarium, full of exciting discoveries and memorable experiences.

***

Kate i jej koledzy z klasy postanowili wybrać się na wycieczkę do oceanarium. Byli podekscytowani możliwością zobaczenia ryb i innych morskich stworzeń. Kiedy dotarli do oceanarium, od razu udali się do dużych akwariów pełnych kolorowych ryb.

"Patrz, jakie piękne!" zawołała Kate, wskazując na pływające ryby.

Jej koledzy zgodnie kiwali głowami z podnieceniem i zaczęli nazywać różne rodzaje ryb, które widzieli. Spędzili wiele czasu podziwiając akwaria i obserwując, jak ryby się poruszają.

Po obejrzeniu ryb udali się do strefy, w której mogli dotykać rozgwiazd i jeżowców. Kate była zaskoczona, jak miękkie mogą być niektóre z tych stworzeń.

"To naprawdę niesamowite!" powiedziała Kate, dotykając jednej z rozgwiazd.

Zakończyli swoją wizytę prezentacją o rekinach. Kate i jej koledzy siedzieli razem, słuchając uważnie, gdy opowiadano im o różnych rodzajach rekinów i jak zachowują się w oceanie.

Na koniec dnia Kate i jej przyjaciele byli zmęczeni, ale szczęśliwi. Spędzili niesamowity dzień w oceanarium, pełen ekscytujących odkryć i niezapomnianych przeżyć.

Chapter 33. The New Year's Eve Party / Impreza na Zakończenie Roku

The New Year's Eve party was about to begin. Miley and Andrew were very excited. They had invited their friends to their house to celebrate together.

"This year is going to be amazing!" said Miley as she decorated the living room with garlands and balloons. Andrew was setting up the music and lights.

At ten o'clock, their friends started to arrive. Nicole, Tyler, Susan, and Justin came with food and drinks. "Happy New Year in advance!" said Susan as she hugged Miley.

Everyone sat at the table and enjoyed a delicious dinner. "The food is delicious, Miley," said Tyler. After dinner, they started dancing and laughing.

There were only a few minutes left until midnight. Everyone gathered in front of the television to watch the countdown. "Ten, nine, eight...!" they counted out loud. At midnight, everyone ate their grapes and hugged. "Happy New Year!" they shouted. Then they went out to the garden to watch the fireworks.

Miley and Andrew were very happy to have spent such a special New Year's Eve with their friends. "This is going to be a great year," said Andrew as he hugged Miley.

Impreza sylwestrowa miała się właśnie rozpocząć. Miley i Andrew byli bardzo podekscytowani. Zaprosili swoich przyjaciół do domu, aby wspólnie świętować.

„Ten rok będzie niesamowity!" powiedziała Miley, dekorując salon girlandami i balonami. Andrew przygotowywał muzykę i światła.

O dziesiątej wieczorem zaczęli przychodzić przyjaciele. Nicole, Tyler, Susan i Justin przyszli z jedzeniem i napojami. „Szczęśliwego Nowego Roku z wyprzedzeniem!" powiedziała Susan, obejmując Miley.

Wszyscy usiedli przy stole i cieszyli się pyszną kolacją. „Jedzenie jest pyszne, Miley," powiedział Tyler. Po kolacji zaczęli tańczyć i śmiać się.

Zostało tylko kilka minut do północy. Wszyscy zgromadzili się przed telewizorem, aby oglądać odliczanie. „Dziesięć, dziewięć, osiem...!" liczyli głośno. O północy wszyscy zjedli swoje winogrona i objęli się. „Szczęśliwego Nowego Roku!" krzyczeli. Potem wyszli do ogrodu, aby oglądać fajerwerki.

Miley i Andrew byli bardzo zadowoleni, że spędzili taki wyjątkowy sylwester ze swoimi przyjaciółmi. „To będzie wspaniały rok," powiedział Andrew, obejmując Miley.

Chapter 34. Music Class / Lekcja Muzyki

Sarah was very excited about her music class. She really enjoyed learning to play instruments. Today, her teacher, Mr. Moore, was going to teach them how to play the flute.

"Good morning, class," said Mr. Moore. "Today we're going to learn how to play the flute. Everyone, take a flute from the table."

Sarah took her flute and sat in her chair. Mr. Moore showed them how to hold the flute and how to blow to make a sound.

"First, we place our fingers here and here," explained Mr. Moore, pointing to the holes on the flute. "Then, we blow gently."

Sarah tried to follow the instructions. At first, she couldn't make any sound, but Mr. Moore helped her.

"Try again, Sarah," said Mr. Moore. "Remember to blow gently."

Sarah tried again, and this time, she made a sound. She was very happy.

"Very good, Sarah!" said Mr. Moore. "Now, let's learn a simple song."

Mr. Moore played a song on his flute, and the students imitated him. Sarah practiced a lot and gradually improved. By the end of the class, all the students were able to play the song.

Sarah was very proud of what she had learned. "I love music class," she thought as she put away her flute.

***

Sarah była bardzo podekscytowana swoją lekcją muzyki. Bardzo lubiła uczyć się gry na instrumentach. Dziś jej nauczyciel, pan Moore, miał ich uczyć grać na flecie.

"Dzień dobry, klaso," powiedział pan Moore. "Dziś nauczymy się grać na flecie. Każdy z was weźmie flet ze stołu."

Sarah wzięła swój flet i usiadła na krześle. Pan Moore pokazał im, jak trzymać flet i jak dmuchać, aby wydobyć dźwięk.

"Najpierw, kładziemy palce tutaj i tutaj," wyjaśnił pan Moore, wskazując otwory w flecie. "Następnie dmuchamy delikatnie."

Sarah próbowała postępować zgodnie z instrukcjami. Na początku nie mogła wydobyć żadnego dźwięku, ale pan Moore jej pomógł.

"Spróbuj jeszcze raz, Saro," powiedział pan Moore. "Pamiętaj, dmuchaj delikatnie."

Sarah spróbowała ponownie i tym razem udało się wydobyć dźwięk. Była bardzo szczęśliwa.

"Bardzo dobrze, Saro!" powiedział pan Moore. "Teraz nauczymy się prostej piosenki."

Pan Moore zagrał piosenkę na swoim flecie, a uczniowie go naśladowali. Sarah dużo ćwiczyła i stopniowo robiła postępy. Pod koniec lekcji wszyscy uczniowie potrafili zagrać piosenkę.

Sarah była bardzo dumna z tego, czego się nauczyła. "Uwielbiam lekcje muzyki," pomyślała, chowając swój flet.

Chapter 35. The New Job / Nowa Praca

On his first day at the new job, Daniel was very nervous. He got up early, put on his best suit, and prepared his briefcase. He had a quick breakfast, mentally reviewing everything he needed to bring.

After arriving at the office, he was greeted by his new boss, Mr. Wilson. "Welcome, Daniel," said Mr. Wilson with a friendly smile. Daniel felt a bit more relaxed.

During the morning, Daniel learned about his tasks and how to use the company's system. Sandra, a coworker, showed him how to enter data into the computer. "Here you need to enter your username and password," explained Sandra. Daniel nodded, focused. "Thanks, Sandra," he said.

In the afternoon, he worked on his first project. He felt a bit lost at first. Sandra noticed his difficulty and came over to help him. "It's in the project folder, here," she said, pointing to the screen. "Ah, I see. Thanks again," Daniel said, relieved.

At the end of the day, Mr. Wilson approached Daniel. "Good job, Daniel. I'm sure you'll be a great member of the team," he said. Daniel went home tired but happy, knowing that in time he would feel more comfortable in his new job.

***

Pierwszego dnia w nowej pracy Daniel był bardzo zdenerwowany. Wstał wcześnie, założył najlepszy garnitur i przygotował swoją teczkę. Szybko zjadł śniadanie, przeglądając w myślach wszystko, co miał ze sobą zabrać.

Po przybyciu do biura został przywitany przez swojego nowego szefa, pana Wilsona. "Witamy, Danielu" powiedział pan Wilson z uprzejmym uśmiechem. Daniel poczuł się trochę bardziej zrelaksowany.

Rano Daniel uczył się swoich obowiązków i jak korzystać z systemu firmowego. Sandra, koleżanka z pracy, pokazała mu, jak wprowadzać dane do komputera. "Tutaj musisz wpisać swoją nazwę użytkownika i hasło," wyjaśniła Sandra. Daniel skinął głową, skoncentrowany. "Dziękuję, Sandro," powiedział.

Po południu pracował nad swoim pierwszym projektem. Na początku czuł się trochę zagubiony. Sandra zauważyła jego trudności i podeszła, by mu pomóc. "Jest w folderze z projektami, tutaj," powiedziała, wskazując ekran. "Ach, rozumiem. Jeszcze raz dziękuję," powiedział Daniel z ulgą.

Pod koniec dnia pan Wilson podszedł do Daniela. "Dobra robota, Daniel. Jestem pewien, że będziesz wspaniałym członkiem zespołu," powiedział. Daniel wrócił do domu zmęczony, ale zadowolony, wiedząc, że z czasem poczuje się bardziej komfortowo w nowej pracy.

Chapter 36. A Day at the Gym / Dzień na Siłowni

Alex woke up early in the morning with a determination in mind: he was going to start taking care of his health and fitness. He decided that today would be the day he joined the gym in his neighborhood.

After having a nutritious breakfast, he dressed in sportswear and headed to the gym. Upon entering, he felt a little nervous but also excited to begin this new phase in his life.

A friendly instructor greeted him and guided him around the gym, showing him the different machines and training equipment. Alex felt a bit overwhelmed at first, but the instructor explained how to use each machine safely and effectively.

He decided to start with a light warm-up on the treadmill. Then, he moved on to lifting weights and doing strength exercises.

After an hour of intense training, Alex felt tired but satisfied. He knew he had taken a big step toward his goal of being fit and healthy.

As he left the gym, he promised himself to keep going regularly. He was excited to see the positive changes that would come with his new exercise routine.

***

Alex wstał wcześnie rano z determinacją w sercu: postanowił zadbać o swoje zdrowie i kondycję. Zdecydował, że dzisiaj będzie dzień, w którym dołączy do miejscowego klubu fitness.

Po zjedzeniu zdrowego śniadania, założył sportowe ubrania i udał się do klubu. Po wejściu poczuł się lekko zdenerwowany, ale również podekscytowany rozpoczęciem tej nowej przygody.

Przywitał go życzliwy instruktor, który oprowadził go po klubie, pokazując różne maszyny i urządzenia treningowe. Alex na początku czuł się nieco przytłoczony, ale instruktor wyjaśnił mu, jak bezpiecznie i skutecznie korzystać z każdej maszyny.

Postanowił rozpocząć od lekkiego rozgrzewki na bieżni. Następnie przeszedł do podnoszenia ciężarów i wykonywania ćwiczeń siłowych.

Po godzinie intensywnego treningu Alex był zmęczony, ale zadowolony. Wiedział, że zrobił duży krok w kierunku swojego celu, jakim było zachowanie dobrej formy i zdrowia.

Wychodząc z klubu, obiecał sobie, że będzie tu regularnie wracał. Był podekscytowany możliwością obserwowania pozytywnych zmian, jakie niesie za sobą nowa rutyna treningowa.

Chapter 37. The Photography Workshop / Warsztaty Fotograficzne

Camila had always been interested in photography, so when she saw an advertisement for photography workshops in her neighborhood, she decided to sign up immediately.

On the first day of the workshop, Camila was a bit nervous but excited to learn something new. With her camera in hand, she arrived at the venue and was greeted by the instructor, who welcomed her with a kind smile.

During the class, Camila learned the basics of photography, such as composition, exposure, and focus. They practiced taking photos in different locations and lighting conditions.

As the class progressed, Camila felt more confident and enthusiastic about her progress. She began capturing creative images and experimenting with different angles and perspectives. She discovered that she particularly enjoyed photographing nature and the small details that often went unnoticed.

"Great job, Camila!" exclaimed the instructor upon seeing one of her photos. "You captured the moment beautifully and naturally."

Camila felt very happy and proud. At that moment, she knew she loved photography and wanted to explore the world with her camera. She imagined traveling to distant places, taking beautiful photos, and learning about different cultures.

***

Camila od zawsze interesowała się fotografią, więc gdy zobaczyła ogłoszenie o warsztatach fotograficznych w swojej okolicy, postanowiła się na nie zapisać od razu.

Pierwszego dnia warsztatów, Camila była trochę zdenerwowana, ale też podekscytowana możliwością nauki czegoś nowego. Z aparatem w ręku przybyła na miejsce i została serdecznie przywitana przez instruktora, który uśmiechniętą się przywitał.

W trakcie lekcji, Camila uczyła się podstaw fotografii, takich jak kompozycja, ekspozycja i ostrość. Ćwiczyli robienie zdjęć w różnych miejscach i przy różnych oświetleniach.

W miarę jak lekcja postępowała, Camila czuła się coraz pewniejsza i bardziej podekscytowana swoim postępem. Zaczęła robić kreatywne obrazy i eksperymentować z różnymi kątami i perspektywami. Odkryła, że szczególnie lubi fotografować naturę i małe detale, które często pozostają niezauważone.

"Świetnie, Camila!" wykrzyknął instruktor, widząc jedno z jej zdjęć. "Uchwyciłaś ten moment pięknie i naturalnie".

Camila poczuła się bardzo szczęśliwa i dumna. W tamtej chwili wiedziała, że uwielbia fotografować i chce eksplorować świat ze swoim aparatem. Wyobraziła sobie podróżowanie do odległych miejsc, robienie pięknych zdjęć i poznawanie różnych kultur.

Chapter 38. The Dance Class / Lekcja Tańca

Gary had always wanted to learn how to dance, so he decided to enroll in a dance class in his neighborhood. On the first day of class, he was a bit nervous but very excited.

When he arrived at the dance studio, he was greeted by the teacher, Mrs. Miller. "Hello, welcome to our dance class," she said with a smile.

Gary joined the other students and the class began. Mrs. Miller taught them the basic steps of salsa. "First, we move the right foot forward, then the left foot back," she explained.

At first, Gary felt a bit clumsy, but with practice, he started to feel more confident. The music was lively, and everyone in the class was having a great time.

"Very good, Gary!" said Mrs. Miller. "You're improving with each step."

After an hour of practice, Gary and his classmates danced a small choreography together. Gary felt very happy and proud of his progress.

At the end of the class, Mrs. Miller gave them some tips for practicing at home. Gary left the studio tired, but very happy and eager to continue learning how to dance.

***

Gary zawsze chciał nauczyć się tańczyć, więc zdecydował się zapisać na lekcję tańca w swojej okolicy. Pierwszego dnia zajęć był trochę zdenerwowany, ale bardzo podekscytowany.

Kiedy dotarł do studia tańca, powitała go nauczycielka, pani Miller. "Cześć, witaj na naszej lekcji tańca," powiedziała z uśmiechem.

Gary dołączył do innych uczniów i rozpoczęły się zajęcia. Pani Miller uczyła ich podstawowych kroków salsy. "Najpierw przesuwamy prawą stopę do przodu, a potem lewą stopę do tyłu," wyjaśniła.

Na początku Gary czuł się trochę niezręcznie, ale z czasem zaczął czuć się pewniej. Muzyka była radosna i wszyscy na zajęciach świetnie się bawili.

"Świetnie, Gary!" powiedziała pani Miller. "Robisz postępy z każdym krokiem."

Po godzinie ćwiczeń Gary i jego koledzy z klasy zatańczyli razem krótką choreografię. Gary poczuł się bardzo szczęśliwy i dumny ze swoich postępów.

Na koniec zajęć pani Miller dała im kilka wskazówek, jak ćwiczyć w domu. Gary opuścił studio zmęczony, ale bardzo zadowolony i pełen chęci do dalszej nauki tańca.

Chapter 39. The First Day of Vacation / Pierwszy Dzień Wakacji

Brad was very excited about the start of summer vacation. He had been looking forward to this day for a long time. When he woke up early, he smiled at the sight of the bright sun shining through the window.

He went downstairs to have breakfast with his parents and siblings. On the table, there were toast, jam, and orange juice. Brad ate quickly because he was eager to start the day.

"I have many plans for this vacation," Brad said after finishing his breakfast.

His parents smiled. "What do you plan to do today?" his mother asked.

Brad replied, "I want to go to the park and play soccer with my friends. Then I'll go to the library to check out some books."

After breakfast, Brad put on his sneakers and left the house. First, he went to the park, where he played soccer with his friends. They ran and laughed a lot.

Then, Brad said goodbye to his friends and walked to the library. He loved reading and wanted to find new books for the vacation. At the library, he found several adventure books.

With his backpack full of books, Brad returned home. He sat in the garden and began to read. He was very happy and excited about all the adventures that awaited him during his vacation.

***

Brad był bardzo podekscytowany początkiem letnich wakacji. Z niecierpliwością czekał na ten dzień. Kiedy obudził się wcześnie rano, uśmiechnął się, widząc jasne słońce za oknem.

Zszedł na śniadanie z rodzicami i rodzeństwem. Na stole były tosty, dżem i sok pomarańczowy. Brad jadł szybko, bo był bardzo podekscytowany rozpoczęciem dnia.

"Mam wiele planów na te wakacje," powiedział Brad po skończeniu śniadania.

Rodzice uśmiechnęli się. "Co planujesz zrobić dzisiaj?" zapytała mama.

Brad odpowiedział: "Chcę iść do parku i pograć w piłkę nożną z przyjaciółmi. Potem pójdę do biblioteki wypożyczyć kilka książek."

Po śniadaniu Brad założył buty sportowe i wyszedł z domu. Najpierw poszedł do parku, gdzie grał w piłkę nożną z przyjaciółmi. Biegali i dużo się śmiali.

Następnie Brad pożegnał się z przyjaciółmi i poszedł do biblioteki. Uwielbiał czytać i chciał znaleźć nowe książki na wakacje. W bibliotece znalazł kilka książek przygodowych.

Z plecakiem pełnym książek Brad wrócił do domu. Usiadł w ogrodzie i zaczął czytać. Był bardzo szczęśliwy i podekscytowany wszystkimi przygodami, które czekały go w te wakacje.

Chapter 40. Visiting the Grandparents / Wizyta u Dziadków

Chase and Michelle were very excited because they were going to visit their grandparents. They got into the car and started the journey. During the trip, they sang songs and played a game to see who could spot the most red cars.

When they arrived at their grandparents' house, they were greeted with hugs and kisses. "What a joy to see you!" said grandma. "We have prepared your favorite meal."

They went inside and sat at the table. There was chicken, rice, salad, and chocolate cake. Chase and Michelle ate very happily.

After eating, they went out to the garden to play. Grandpa showed them his garden full of flowers and plants. Chase and Michelle helped water the plants and picked some flowers.

"It's so much fun being here," said Chase while playing with the grandparents' dog.

"Yes, I love grandma and grandpa's house," replied Michelle.

They spent the afternoon playing and talking with their grandparents. At the end of the day, they were tired but very happy. "We have to come back soon!" said Chase.

"Of course," said grandma. "You are always welcome here."

They said goodbye to their grandparents and returned home. Chase and Michelle fell asleep quickly, dreaming of their next visit to their grandparents' house.

***

Chase i Michelle byli bardzo podekscytowani, ponieważ mieli odwiedzić swoich dziadków. Wsiedli do samochodu i rozpoczęli podróż. W trakcie drogi śpiewali piosenki i grali w grę, kto znajdzie więcej czerwonych samochodów.

Kiedy dotarli do domu dziadków, zostali przywitani uściskami i pocałunkami. "Jak dobrze was widzieć!" powiedziała babcia. "Przygotowaliśmy wasze ulubione jedzenie."

Weszli do domu i usiedli do stołu. Był kurczak, ryż, sałatka i czekoladowe ciasto. Chase i Michelle jedli bardzo szczęśliwi.

Po jedzeniu wyszli do ogrodu, aby się pobawić. Dziadek pokazał im swój ogród pełen kwiatów i roślin. Chase i Michelle pomogli podlać rośliny i zebrali kilka kwiatów.

"Tutaj jest bardzo fajnie," powiedział Chase, bawiąc się z psem dziadków.

"Tak, uwielbiam dom dziadków," odpowiedziała Michelle.

Spędzili popołudnie, bawiąc się i rozmawiając z dziadkami. Pod koniec dnia byli zmęczeni, ale bardzo szczęśliwi. "Musimy wkrótce wrócić!" powiedział Chase.

"Oczywiście," powiedziała babcia. "Zawsze jesteście tu mile widziani."

Pożegnali się z dziadkami i wrócili do domu. Chase i Michelle szybko zasnęli, marząc o następnej wizycie w domu dziadków.

Exercises

Chapter 1. Day at School

Answer the following questions by choosing the correct option:

1. What did Emma have for breakfast?

a) Cereal

b) Toast with jam and warm milk

c) Bread with butter

2. Who prepared breakfast?

a) Emma

b) Her sister

c) Her mother

3. What was Emma's first class?

a) Natural sciences

b) Reading

c) Mathematics

4. What did Emma and her friends do during recess?

a) They played hopscotch and had a snack

b) They played soccer

c) They studied in the library

5. Who was waiting for Emma after school?

a) Her father

b) Her mother

c) Her grandmother

Chapter 2. A Walk in the Park

1. Olivia and her mother walked to the nearby ______.

a) park

b) beach

c) supermarket

2. They saw little children playing on the ______.

a) cars

b) swings

c) books

3. The mother pointed to a ______ climbing up the trunk of a large oak tree.

a) butterfly

b) squirrel

c) dog

4. Olivia watched the little ______ move nimbly.

a) flower

b) children

c) animal

5. The scent of spring ______ filled the fresh air.

a) flowers

b) fruits

c) leaves

Chapter 3. Shopping at the Supermarket

Read the following sentences and determine if they are true or false.

1. William bought green apples at the supermarket.

2. William chose to take chicken and sausages from the meat section.

3. In the dairy aisle, William bought milk, cheese, and strawberry yogurt.

4. William paid for his purchases with cash.

5. William was sad after shopping.

Chapter 4. Liam's Family

Connect the following parts of the sentences to form coherent phrases.

1. Liam has a family...

2. Noah is tall and...

3. Ava is a teacher and...

4. Sophia is a girl...

5. Abigail is Liam's grandmother and...

a) she always has a smile on her face.

b) small but happy.

c) has short black hair.

d) very energetic and curious.

e) an excellent cook.

Chapter 5. James's Birthday

Complete the sentences with the words provided. Words: friends, piñata, birthday, cake, gifts.

1. James is very excited because today is his ____________.

2. James's mother bought a big chocolate ____________ with frosting.

3. All of James' ____________ from school came to the party.

4. The guests gave him _____________ wrapped in shiny papers.

5. They played to break a _____________ full of candies.

Chapter 6. A Day at the Beach

Arrange the following words to form complete sentences.

1. at / beach / a / day / the

2. was / sand / the / hot / very

3. big / set / umbrella / up / parents / a

4. small / he / built / a / sandcastle

5. they / afternoon / spent / the / sunbathing

Chapter 7. At the Train Station

Arrange the sentences in the correct chronological order.

a) The family walks to the platform to wait for their train.

b) Amelia wakes up early and dresses in comfortable clothes.

c) Amelia and Daniel entertain themselves by counting the train cars.

d) The family hears a loud whistle and the train begins to move.

e) Dad buys the tickets at the counter.

Chapter 8. My Pet

Complete the sentences with the appropriate forms of the verbs.

1. Max (wag) _____________ his tail happily when I come home after school.

2. He (chase) _____________ a red ball all over the park.

3. Max (carry) _____________ a red plastic bone as his favorite toy.

4. Sometimes, he (hide) _____________ the bone under the furniture.

5. After playing, Max (curl up) _____________ in his little bed.

Chapter 9. A Rainy Day

Answer the following questions by choosing the correct option.

1. What type of day is it today?

a) Sunny

b) Cloudy

c) Rainy

2. Where did mom put the books and games?

a) In the living room

b) In the garden

c) In the garage

3. What does the narrator choose to do?

a) Play outside in the rain

b) Read a storybook

c) Play chess with Harper

4. What is mom doing while the children read and play?

a) Sleeping in her room

b) Watching TV

c) Cooking something delicious in the kitchen

5. How do the children feel at the end of the rainy day?

a) Bored

b) Happy to be together

c) Sad not to be able to go outside

Chapter 10. Dinner at Home

Complete the following sentences using the missing words.

1. Elijah was excited because he really likes being in the ______.

a) kitchen

b) living room

c) garden

2. At the supermarket, they bought ______ for the salad.

a) apples

b) potatoes and onions

c) lettuce, tomatoes, carrots, and cucumbers

3. Dad seasoned the chicken with ______, pepper, and a little lemon.

a) salt

b) sugar

c) flour

4. Mom cooked the rice in a ______ pot.

a) medium

b) large

c) small

5. Elijah helped to serve the salad and ______.

a) the soup

b) the rice

c) the vegetables

Chapter 11. Visit to the Zoo

Read the following sentences and determine if they are true or false.

1. Aiden and Jacob visited London Zoo one Saturday morning.

2. The first thing they saw were the lions resting under the sun.

3. Jacob said the elephants looked like walking houses.

4. The monkeys behaved as if they were children playing in a park.

5. Aiden watched fascinated as the tigers in the aviary.

Chapter 12. A Day in the Mountains

Connect the following parts of the sentences to form coherent phrases.

1. Logan and his family...

2. Logan packed...

3. Logan picked...

4. They enjoyed the view ...

5. They stayed a while longer...

a) some wildflowers.

b) of the majestic mountains.

c) decided to go hiking.

d) enjoying the scenery.

e) his backpack.

Chapter 13. My Best Friend

Complete the sentences with the words provided. Words: soccer, imagination, inseparable, adventures, bikes.

1. Alexander and I have been ___________ since we met at school.

2. We love playing ___________ and spend many afternoons practicing in the park.

3. We enjoy exploring the neighborhood in search of ___________.

4. We often ride our ___________ along the trails in the nearby forest.

5. We spend hours creating things with building blocks, letting our ___________ soar.

Chapter 14. The Neighborhood Party

Arrange the following words to form complete sentences.

1. party / started / the / dusk / at

2. have / time / a / together / good

3. my / are / specialty / they

4. the / of / rhythm / music / the

5. time / a / all / we / had / great

Chapter 15. The Doctor's Visit

Arrange the sentences in the correct chronological order.

a) Doctor Smith listened to Thomas's chest with the stethoscope.

b) Thomas and his dad arrived at the doctor's office.

c) Thomas stayed at home and followed the doctor's instructions.

d) Thomas's dad called the doctor's office and got an appointment.

e) The doctor gave Thomas a lollipop for being a good patient.

Chapter 16. The Soccer Match

Complete the sentences with the appropriate forms of the verbs.

1. Henry and his friends (gather) _____________ at the park to play soccer on Saturday afternoon.

2. They were very excited and full of energy, (form) _____________ the teams eagerly.

3. Right from the start, the match (be) _____________ intense.

4. Henry (mark) _____________ the field with rocks and backpacks before the game.

5. After the match, everyone (sit) _____________ on the grass, tired but happy.

Chapter 17. My Room

Answer the following questions by choosing the correct option.

1. What color are the walls in the room?

a) Light blue

b) White

c) Yellow

2. Where is the desk located?

a) Next to the bed

b) By the window

c) Across from the wardrobe

3. What is kept on the bedside table?

a) Clothes and shoes

b) A book and a reading lamp

c) Toys and figures

4. Where does the narrator sit to read or listen to music?

a) On the bed

b) In the wardrobe

c) In a comfortable chair in the corner

5. What does the narrator like most about their room?

a) The large wardrobe

b) The shelves with books

c) The feeling of tranquility it gives

Chapter 18. A Plane Journey

Complete the following sentences using the missing words.

1. Abigail was excited but also a bit _______.

a) nervous

b) happy

c) angry

2. At the London airport, there was a lot of people _______ .

a) eating

b) playing

c) coming and going

3. Abigail sat by the window and fastened the _______ .

a) seatbelt

b) gate

c) passport

4. Below them, the houses and streets looked tiny like _______.

a) cars

b) toys

c) buildings

5. Abigail felt like a _______ soaring through the sky.

a) plane

b) bird

c) boat

Chapter 19. My Spanish Class

Read the following sentences and determine if they are true or false.

1. The Spanish class teacher's name is Mrs. Brown.

2. There are twelve students in the class.

3. Scarlett is very good at pronunciation.

4. Spanish classes are on Mondays and Wednesdays.

5. They always start the class with a game in Spanish.

Chapter 20. The Library

Connect the following parts of the sentences to form coherent phrases.

1. John went to the library...

2. Mrs. Grace always...

3. First, he went to...

4. John sat down and...

5. The library is a...

a) started reading the pirate book.

b) the adventure section.

c) magical place for John.

d) on Saturday morning.

e) helps him find good books.

Chapter 21. An Afternoon at the Movies

Complete the sentences with the words provided. Words: seats, cinema, friends, popcorn, scenes.

1. Lily and her ____________ decided to go to the movies.

2. They bought ____________, sodas, and candies.

3. They found their ____________ and sat comfortably.

4. The movie was very exciting and had many action ___________.

5. They left the __________ discussing their favorite scenes.

Chapter 22. The Music Festival

Arrange the following words to form complete sentences.

1. to / Alice / music / went / the / festival

2. band / a / was / first / the / concert / by / rock

3. bought / from / food / they / stalls / the

4. with / lit / lights / the / up / festival

5. it / incredible / was / experience / an

Chapter 23. A Bike Ride

Arrange the sentences in the correct chronological order.

a) They changed direction and took the dirt road.

b) They got on their bikes and started their adventure.

c) Freddie and his dad decided to go for a bike ride.

d) Freddie saw a dirt road that looked interesting.

e) They discovered a beautiful forest full of singing birds and small streams.

Chapter 24. Art Class

Complete the sentences with the appropriate forms of the verbs.

1. She (see) _____________ many paintings and brushes on the tables.

2. Julia (think) _____________ of the beach she visited with her family.

3. All the students (create) _____________ beautiful landscapes.

4. Mrs. White (walk) _____________ among the tables.

5. At the end of the class, everyone (show) _____________ their paintings.

Chapter 25. A Snowy Day

Answer the following questions by choosing the correct option.

1. What did David do first when he went out to the garden?

a) He made a snowman

b) He made snowballs

c) He played with Jack

2. What did David use for the snowman's nose?

a) A carrot

b) A stone

c) A button

3. Who arrived while David was making the snowman?

a) His mom

b) His brother

c) His friend Jack

4. What did David and Jack do with the snowman?

a) They put stones for the eyes

b) They put buttons for the mouth

c) They put a scarf on the snowman

5. What did David's mom give them when they went inside the house?

a) Cookies

b) Orange juice

c) Hot chocolate

Chapter 26. The History Museum

Complete the following sentences using the missing words.

1. Benjamin visited the history museum with his ______.

a) family

b) class

c) friend

2. Mr. Jones first took them to the _______ room.

a) ancient Egyptians

b) Middle Ages

c) dinosaurs

3. In the ancient Egyptians room, they saw mummies and _______.

a) pyramids

b) sarcophagi

c) castles

4. In the Middle Ages, castles served as _______.

a) fortresses

b) tombs

c) museums

5. At the end of the tour, Benjamin was _______.

a) tired

b) sad

c) happy

Chapter 27. My Favorite Breakfast

Read the following sentences and determine if they are true or false.

1. The narrator's favorite breakfast is vegan.

2. One banana is always added to breakfast.

3. The narrator adds fresh strawberries and blueberries.

4. The breakfast includes oats.

5. The breakfast never has chia seeds.

Chapter 28. A Day in the Countryside

Connect the following parts of the sentences to form coherent phrases.

1. Megan woke up early...

2. When they arrived at the countryside...

3. Megan and her family walked...

4. At noon, they sat...

5. Megan played with...

a) under a large tree for lunch.

b) Megan saw many animals.

c) and was very excited.

d) her little brother.

e) along a trail in the forest.

Chapter 29. The Dentist Visit

Complete the sentences with the words provided. Words: toys, chair, dentist, teeth, toothbrush.

1. Charlie an appointment with the ___________.

2. In the waiting room, Charlie saw some ___________.

3. Dr. Davis explained everything while Charlie sat in the big ___________.

4. Dr. Davis said that Charlie's ___________ are in great shape.

5. After the check-up, Dr. Davis gave Charlie a new ___________.

Chapter 30. The Book Fair

Arrange the following words to form complete sentences.

1. park / the / fair / a / in / large / was

2. there / many / with / colors / bright / books / were

3. about / saw / Steve / dinosaurs / book / a

4. is / learn / important / new / it / a / things / to

5. adventure / great / is / a / reading

Chapter 31. A Walk Downtown

Arrange the sentences in the correct chronological order.

a) Mike went to a café.

b) Mike saw his friend Noah.

c) Mike decided to visit a museum.

d) Mike walked through the streets filled with shops.

e) Mike visited a bookstore.

Chapter 32. A Day at the Aquarium

Complete the sentences with the appropriate forms of the verbs.

1. Kate and her classmates (decide) ___________ to go to the aquarium.

2. They (to go) ___________ straight to the large tanks.

3. Kate's friends (begin) ___________ naming the different types of fish.

4. They (learn) ___________ about the different types of sharks.

5. They had (have) ___________ an incredible day at the aquarium.

Chapter 33. The New Year's Eve Party

Answer the following questions by choosing the correct option.

1. What were Miley and Andrew doing before their friends arrived?

a) Sleeping

b) Decorating and preparing the music

c) Cooking

2. Who brought food and drinks to the party?

a) Miley and Andrew

b) The neighbors

c) Nicole, Tyler, Susan, and Justin

3. What did everyone do just before midnight?

a) Went to sleep

b) Watched the countdown on TV

c) Went out to the garden

4. What did everyone do at midnight?

a) Ate grapes and hugged each other

b) Went home

c) Turned on the lights

5. How did Miley and Andrew feel at the end of the party?

a) Sad

b) Tired

c) Very happy

Chapter 34. Music Class

Complete the following sentences using the missing words.

1. Sarah was very excited about her _______ class.

a) math

b) music

c) science

2. Mr. Moore was going to teach them how to play the ______.

a) guitar

b) drums

c) flute

3. Mr. Moore showed the students how to ______ the flute.

a) hold

b) clean

c) paint

4. Sarah tried to follow Mr. Moore's ______.

a) rules

b) instructions

c) questions

5. At the end of the class, all the students were able to ______ a song.

a) play

b) draw

c) dance

Chapter 35. The New Job

Read the following sentences and determine if they are true or false.

1. Daniel arrived late on his first day of work.

2. Daniel's boss is named Mr. Wilson.

3. Sandra is a coworker who helped Daniel.

4. During the morning, Daniel worked on his first project.

5. At the end of the day, Daniel went home happy.

Chapter 36. A Day at the Gym

Connect the following parts of the sentences to form coherent phrases.

1. Alex woke up early with...

2. A friendly instructor greeted him...

3. Alex decided to start with

4. Alex moved on to lifting weights...

5. Alex felt tired...

a) a light warm-up.

b) a determination in mind.

c) but satisfied.

d) and guided him around the gym.

e) and doing strength exercises.

Chapter 37. The Photography Workshop

Complete the sentences with the words provided. Words: taking, learning, photography, happy, nature.

1. When Camila saw the advertisement about for __________ workshops, she decided to sign up.

2. Camila was happy to be __________ something new.

3. Camila discovered that she liked to photograph __________ and small details.

4. Camila felt __________ and proud when she knew that she loved photography.

5. Camila imagined traveling to distant places and __________

photos.

Chapter 38. The Dance Class

Arrange the following words to form complete sentences.

1. to / a / dance / enroll / Gary / decided / in / class

2. the / foot / we / right / forward / move

3. time / great / everyone / was / a / having

4. you / improving / each / are / step / with

5. Miller / them / tips / mrs. / gave / some

Chapter 39. The First Day of Vacation

Arrange the sentences in the correct chronological order.

a) Brad ate toast and jam for breakfast.

b) Brad sat in the garden and began to read.

c) Brad played soccer with his friends in the park.

d) Brad walked to the library to check out some books.

e) Brad woke up early and smiled when he saw the sun.

Chapter 40. Visiting the Grandparents

Complete the sentences with the appropriate forms of the verbs.

1. Chase and Michelle (to be) ____________ excited to visit

their grandparents.

2. During the trip they (sing) ______________ songs and played a game.

3. Chase and Michelle (eat) ______________ very happily.

4. They (to spend) ______________ the afternoon playing and talking with their grandparents.

5. They (to say) ______________ goodbye to their grandparents and returned home.

Solutions

Chapter 1. Day at School

1. b) Toast with jam and warm milk

2. c) Her mother

3. c) Mathematics

4. a) They played hopscotch and had a snack

5. b) Her mother

Chapter 2. A Walk in the Park

1. a) park

2. b) swings

3. b) squirrel

4. c) animal

5. a) flowers

Chapter 3. Shopping at the Supermarket

1. False (William bought red apples.)

2. True

3. True

4. False (William paid with his debit card.)

5. False (William left the supermarket happy.)

Chapter 4. Liam's Family

1. b) Liam has a family small but happy.

2. c) Noah is tall and has short black hair.

3. e) Ava is a teacher and an excellent cook.

4. d) Sophia is a girl very energetic and curious.

5. a) Abigail is Liam's grandmother and she always has a smile on her face.

Chapter 5. James's Birthday

1. birthday

2. cake

3. friends

4. gifts

5. piñata

Chapter 6. A Day at the Beach

1. A day at the beach.

2. The sand was very hot.

3. Parents set up a big umbrella.

4. He built a small sandcastle.

5. They spent the afternoon sunbathing.

Chapter 7. At the Train Station

1. b) Amelia wakes up early and dresses in comfortable clothes.

2. e) Dad buys the tickets at the counter.

3. a) The family walks to the platform to wait for their train.

4. c) Amelia and Daniel entertain themselves by counting the train cars.

5. d) The family hears a loud whistle and the train begins to move.

Chapter 8. My Pet

1. wags

2. chases

3. carries

4. hides

5. curls up

Chapter 9. A Rainy Day

1. c) Rainy

2. a) In the living room

3. b) Read a storybook

4. c) Cooking something delicious in the kitchen

5. b) Happy to be together

Chapter 10. Dinner at Home

1. a) kitchen

2. c) lettuce, tomatoes, carrots, and cucumbers

3. a) salt

4. b) large

5. b) the rice

Chapter 11. Visit to the Zoo

1. False (Aiden and Jacob visited London Zoo one Sunday morning.)

2. True

3. True

4. True

5. False (Aiden watched fascinated as the parrots in the aviary.)

Chapter 12. A Day in the Mountains

1. c) Logan and his family decided to go hiking.

2. e) Logan packed his backpack.

3. a) Logan picked some wildflowers.

4. b) They enjoyed the view of the majestic mountains.

5. d) They stayed a while longer enjoying the scenery.

Chapter 13. My Best Friend

1. inseparable

2. soccer

3. adventures

4. bikes

5. imagination

Chapter 14. The Neighborhood Party

1. The party started at dusk.

2. Have a good time together.

3. They are my specialty.

4. The rhythm of the music.

5. We all had a great time.

Chapter 15. The Doctor's Visit

1. d) Thomas's dad called the doctor's office and got an appointment.

2. b) Thomas and his dad arrived at the doctor's office.

3. a)Doctor Smith listened to Thomas's chest with the stethoscope.

4. e) The doctor gave Thomas a lollipop for being a good patient.

5. c) Thomas stayed at home and followed the doctor's instructions.

Chapter 16. The Soccer Match

1. gathered

2. forming

3. was

4. marked

5. sat

Chapter 17. My Room

1. a) Light blue

2. b) By the window

3. b) A book and a reading lamp

4. c) In a comfortable chair in the corner

5. c) The feeling of tranquility it gives

Chapter 18. A Plane Journey

1. a) nervous

2. c) coming and going

3. a) seatbelt

4. b) toys

5. b) bird

Chapter 19. My Spanish Class

1. False (The Spanish class teacher's name is Mrs. Johnson.)

2. False (There are ten students in the class.)

3. True

4. False (Spanish classes are on Tuesdays and Thursdays.)

5. True

Chapter 20. The Library

1. d) John went to the library on Saturday morning.

2. e) Mrs. Grace always helps him find good books.

3. b) First, he went to the adventure section.

4. a) John sat down and started reading the pirate book.

5. c) The library is a magical place for John.

Chapter 21. An Afternoon at the Movies

1. friends

2. popcorn

3. seats

4. scenes

5. cinema

Chapter 22. The Music Festival

1. Alice went to the music festival.

2. The first concert was by a rock band.

3. They bought food from the stalls.

4. The festival lit up with lights.

5. It was an incredible experience.

Chapter 23. A Bike Ride

1. c) Freddie and his dad decided to go for a bike ride.

2. b) They got on their bikes and started their adventure.

3. d) Freddie saw a dirt road that looked interesting.

4. a) They changed direction and took the dirt road.

5. e) They discovered a beautiful forest full of singing birds and small streams.

Chapter 24. Art Class

1. saw

2. thought

3. created

4. walked

5. showed

Chapter 25. A Snowy Day

1. b) He made snowballs

2. a) A carrot

3. c) His friend Jack

4. b) They put buttons for the mouth

5. c) Hot chocolate

Chapter 26. The History Museum

1. b) class

2. c) dinosaurs

3. b) sarcophagi

4. a) fortresses

5. c) happy

Chapter 27. My Favorite Breakfast

1. True

2. False (Sometimes, two bananas are used if very hungry.)

3. True

4. True

5. False (Sometimes, chia seeds are also added on top.)

Chapter 28. A Day in the Countryside

1. c) Megan woke up early and was very excited.

2. b) When they arrived at the countryside, Megan saw many animals.

3. e) Megan and her family walked along a trail in the forest.

4. a) At noon, they sat under a large tree for lunch.

5. d) Megan played with her little brother.

Chapter 29. The Dentist Visit

1. dentist

2. toys

3. chair

4. teeth

5. toothbrush

Chapter 30. The Book Fair

1. The fair was in a large park.

2. There were many books with bright colors.

3. Steve saw a book about dinosaurs.

4. It is important to learn new things.

5. Reading is a great adventure.

Chapter 31. A Walk Downtown

1. d) Mike walked through the streets filled with shops.

2. e) Mike visited a bookstore.

3. b) Mike saw his friend Noah.

4. a) Mike went to a café.

5. c) Mike decided to visit a museum.

Chapter 32. A Day at the Aquarium

1. decided

2. went

3. began

4. learned

5. had

Chapter 33. The New Year's Eve Party

1. b) Decorating and preparing the music

2. c) Nicole, Tyler, Susan, and Justin

3. b) Watched the countdown on TV

4. a) Ate grapes and hugged each other

5. c) Very happy

Chapter 34. La Clase de Música

1. b) music

2. c) flute

3. a) hold

4. b) instructions

5. a) play

Chapter 35. The New Job

1. False (Daniel arrived early on his first day of work.)

2. True

3. True

4. False (In the afternoon, Daniel worked on his first project.)

5. True

Chapter 36. A Day at the Gym

1. b) Alex woke up early with a determination in mind.

2. d) A friendly instructor greeted him and guided him around the gym.

3. a) Alex decided to start with a light warm-up.

4. e) Alex moved on to lifting weights and doing strength exercises.

5. c) Alex felt tired but satisfied.

Chapter 37. The Photography Workshop

1. photography

2. learning

3. nature

4. happy

5. taking

Chapter 38. The Dance Class

1. Gary decided to enroll in a dance class.

2. We move the right foot forward.

3. Everyone was having a great time.

4. You are improving with each step.

5. Mrs. Miller gave them some tips.

Chapter 39. The First Day of Vacation

1. e) Brad woke up early and smiled when he saw the sun.

2. a) Brad ate toast and jam for breakfast.

3. c) Brad played soccer with his friends in the park.

4. d) Brad walked to the library to check out some books.

5. b) Brad sat in the garden and began to read.

Chapter 40. Visiting the Grandparents

1. were

2. sang

3. ate

4. spent

5. said